Schreibgruppe REGENBOGEN, Halle (Saale) (Hrsg.)

Tür aus den Angeln
von der Kraft der Worte

D1727461

Schreibgruppe REGENBOGEN, Halle (Saale) (Hrsg.)
Tür aus den Angeln - von der Kraft der Worte

ISBN 978-3-86912-045-4

Satz & Layout:
Marco Borchardt

Umschlagentwurf und Gestaltung:
Marco Borchardt

Titelbild:
Ölbild „Am Morgen" von Renate Bastian

Druck:
docupoint Druckerei, 2011

Printed in Germany

Tür aus den Angeln

von der Kraft der Worte

Anthologie der Selbsthilfegruppe
Schreibgruppe REGENBOGEN, Halle (Saale)

Dank

Für die Unterstützung möchten wir uns herzlich bedanken bei:

VdEK – Die Ersatzkassen

Knappschaft, Geschäftsstelle Halle (Saale)

AOK Sachsen-Anhalt, Die Gesundheitskasse

Selbsthilfeförderung der GKV in Sachsen-Anhalt

Deutsche Gesellschaft für Soziale Psychiatrie im Land Sachsen-Anhalt e. V.

Christliche Akademie für Gesundheits- und Pflegeberufe, Halle (Saale), Frau Rost

Frau Gudrun Billowie
Herrn Günter Hartmann
Herrn Chefarzt Dr. med. Bernd Langer
Frau Dr. Jutta Melzig
Frau Simone Trieder
Frau Sonja Wilhelm
Herrn Alexander Wilhelm
Jerichower Schreibrunde und Gruppe Magdeburg
Karin Fiedler (Büroservice), Halle (Saale)

Inhaltsverzeichnis

Dank 4

Dr. Jutta Melzig
Ein REGENBOGEN für (H)ALLE 13

Alexander Wilhelm
Von der Kraft der Worte 15

Teil I - Vielfältiges Leben

Martina Müller
Akrostichon REGENBOGEN. 29

Manuela Stockmann
Was mir das Schreiben ist 29

Valborg Ritter
Besuch ist nicht gleich Besuch 31

Annegret Winkel-Schmelz
Die Krähe 33

Gabriele Reichert
Ein bewegendes Jahr 2009 34

Sigrid Lindenblatt
Streben zwischen Geburt und Sterben. 41

Annette Pichler
Mein liebes Kind... 42

Annegret Winkel-Schmelz
Eröffnungsrede „Seelensteine" 44

Manuela Stockmann
Ein Glücksgefühl 47

Gabriele Reichert
Lebensfreude. 48

Martina Müller
Unserem Enkelkind - * 18.12.2009 49

Teil II - Entdeckungsreisen

Uschi Kuhfuß
Vier Jahreszeiten. 51

Edeltraud Stache
Osterglocken 52

Renate Bastian
Sehnsucht 53

Martina Müller
Abend am Bodden 55

Ines John
Nordsee 56

Ingrid Hollman
Unterwasser 57

Petra Taubert
Unterwegs zu mir. 58

Heidrun Ernst
Ein Tag in meinem Garten der Harmonie 60

Renate Bastian
Ein Jahr 63

Uschi Kuhfuß
Himmelsleiter. 64

Teil III - Trauriges und Hoffnung

Martina Müller
Zwischen - Menschliches. 65

Sigrid Lindenblatt
Workshop der Jerichower Schreibrunde. 66

Ingrid Hollman
Bilder im Kopf. 71

Annegret Winkel-Schmelz
Unerwartet 75

Manuela Stockmann
Tür aus den Angeln 80

Ines John
Schulalptraum 82

Ines John
Manisch depressiv 86

Ines John
Alles verändert 92

Uschi Kuhfuß
Hoffnung. 94

Gabriele Reichert
Gefunden? 94

Valborg Ritter
Der Regenbogen 96

Teil IV · Zur Menschlichkeit

Annette Pichler
Der Eckstein 97

Valborg Ritter
Die Briefwaage 99

Teil V · Gegen das Alleinsein

Marion Köllner
Haiku. 102

Manuela Stockmann
Akrostichon FLÜSTERSTUNDE. 103

Gabriele Reichert
Akrostichon LIEBE 104

Edeltraud Stache
Auf dem Balkon 104

Manuela Stockmann
Hoffnung. 106

Annette Pichler
Ein Glücksmoment 107

Uschi Kuhfuß
Glück für mich und andere 110

Martina Müller
Unseren Freunden 111

Annegret Winkel-Schmelz
Dritte Liebe 112

Teil VI - Gemeinsamkeiten

Sigrid Lindenblatt
Stufengedichte 119

Uschi Kuhfuß
Ein kleines Stückchen Glück! 120

Ingrid Hollman
Es geht mir GUT 122

Annegret Winkel-Schmelz
Zuspruch............................. 123

Heidrun Ernst
Sein oder Schein?........................ 124

Gabriele Reichert
Akzeptanz............................ 126

Heidrun Ernst
Abschied 127

Martina Müller
Ausverkauf 128

Annegret Winkel-Schmelz
Vergiftungserscheinung.................... 130

Uschi Kuhfuß
Grauer November........................ 130

Renate Bastian
Chance................................131

Martina Müller
Misslich............................... 132

Teil VII - Bewegte Zeit

Evelyne Rostalski
STUFENGEDICHTE 133

Uschi Kuhfuß
Hallo Leute!. 135

Valborg Ritter
Ich vor dem Spiegel 136

Sigrid Lindenblatt
Frei sein 138

Manuela Stockmann
Irrweg 139

Annegret Winkel-Schmelz
krise I. 140
krise II 141

Marion Köllner
Ein dorniger Weg 141

Uschi Kuhfuß
Gedankenspiele. 142

Teil VIII - Heiter immer weiter

Evelyne Rostalski
Schwere Entscheidung. 144

Annegret Winkel-Schmelz
Musik für alle 145

Martina Müller
Mein Zahn. 148

Edeltraud Stache
Zu spät. 149

Valborg Ritter
Das leicht gruselige Heckenhaus 150

Annegret Winkel-Schmelz
Vorsicht. 152

Uschi Kuhfuß
Lebenszeilen 152

Manuela Stockmann
Danke. 153

Martina Müller
Reizvolles Leben 154

Edeltraud Stache
Gesundheit 157

Valborg Ritter
Schlafes Schwester möchte ich sein 157

Nachklang

Dr. med. Bernd Langer
Innere Kraft, die berührt 159

Abbildungsverzeichnis. 161

Dr. Jutta Melzig
Ein REGENBOGEN für (H)ALLE

Seit 2004 gibt es einen ganz besonderen, einen literarischen Regenbogen in der Stadt Halle – die Schreibgruppe REGENBOGEN Halle (Saale), eine Selbsthilfegruppe psychisch kranker Menschen.

Seitdem ist die Schreibgruppe REGENBOGEN Halle (Saale) ein fester Partner für mich, begleitet und unterstützt meine Arbeit als Psychiatriekoordinatorin mit ihrer authentischen, lebendigen und künstlerischen Vielfalt im Rahmen von Lesungen anlässlich von Aktionstagen oder bei Fachveranstaltungen in der Gemeindepsychiatrie in der Region Halle/ Saalekreis.

Bei diesen öffentlichen Lesungen der Schreibgruppe REGENBOGEN erlebe ich jedes Mal eine sehr spezifische Atmosphäre im Saal, eine intensive Berührtheit, manchmal auch Betroffenheit der Zuhörer. Denn noch ist es eher selten, dass sich psychisch kranke Menschen mit ihren individuellen Empfindungen in der Gesellschaft präsentieren, um mit Mitteln der Kunst gezielt Öffentlichkeitsarbeit zur Stärkung des Selbsthilfepotentials zu leisten. Aber eben dieser Schritt, in die Öffentlichkeit zu gehen, hilft nicht nur den Betroffenen selbst, fördert ihr Selbstwert- und Gruppengefühl, sondern trägt auch grundlegend zur Antistigmatisierung und Aufklärung der Gemeinschaft über psychische Erkrankungen bei, baut Brücken und erzeugt Verstehen.

Die Schreibgruppe REGENBOGEN Halle (Saale) engagiert sich insbesondere für die Selbsthilfe und die Stärkung des Selbsthilfepotentials psychisch kranker Menschen. Deshalb ist sie seit vielen Jahren aktiv in der regionalen Psychosozialen Arbeitsgemeinschaft (PSAG) vertreten und bringt hier die persönlichen Erfahrungen und Sichtweisen der Gruppenmitglieder ein. Dies ist eine unverzichtbare Bereicherung der psychosozialen Netzwerkarbeit der PSAG.

Der Schein des REGENBOGENS Halle (Saale) strahlt inzwischen weit über unsere Region hinaus, wie dies z.B. der Gewinn des 2. Preises im Kunst- und Kulturwettbewerb Sachsen-Anhalts „re-flect" im Jahr 2007 oder die Einladungen zu überregionalen Veranstaltungen wie die Buchlesung zum „Tag der seelischen Gesundheit" in diesem Jahr in der PARITÄTISCHEN Selbsthilfekontaktstelle Mansfeld-Südharz belegen.

Dem vorliegenden Buch „Tür aus den Angeln - von der Kraft der Worte" wünsche ich viele neugierige und interessierte Leser, den Mitgliedern der Schreibgruppe REGENBOGEN Halle (Saale) danke ich herzlich für dieses Werk.

Dr. Jutta Melzig ist als Psychiatriekoordinatorin im Sozialpsychiatrischen Dienst am Gesundheitsamt der Stadt Halle tätig.

Alexander Wilhelm
Von der Kraft der Worte ...

Nicht selten hören oder lesen wir ein Wort oder einen Satz und unsere bis dahin vielleicht trübe Stimmung hellt sich auf – wir können plötzlich den Tag in einem ganz anderen Licht erleben! Die den Worten innewohnende Kraft entspricht ganz den Zeilen Eichendorffs:

„ ... Und die Welt hebt an zu singen, Triffst du nur das Zauberwort." (1)

Wie wir diese Zauberkraft, die uns selbst wie anderen immer wieder unverhofft neue Energie, neuen Mut, Trost oder Entlastung schenken kann, gezielt einsetzen können, soll in diesem Beitrag skizziert werden.

Die Wirkungsvielfalt des gesprochenen, gelesenen oder geschriebenen Wortes ist seit Menschengedenken bekannt. Wir finden sie sowohl in den Gesängen und Ritualen von Medizinmännern und Schamanen wie in der ganzheitlichen Heilkunde der alten Griechen wieder. Für sie war nicht zuletzt die Dichtung ein wesentlicher Bestandteil ihrer Lehre von der Lebensweise („Diätetik"). Folglich galt ihnen Apollo nicht nur als Gott der Heil-, sondern ebenso der Dichtkunst (2).

Zu Beginn des 19. Jahrhunderts entstanden Ansätze eines gezielten therapeutischen Einsatzes von Literatur. Im 20. Jahrhundert hat sich daraus die so genannte Poesie- und Bibliotherapie als zunächst in den USA anerkannte Therapieform etabliert. Seit den Sechzigerjahren wird sie auch im deutschsprachigen Raum in Form einer eigenständigen Therapiemethode ständig weiterentwickelt.

Wenn im Folgenden von *Therapie* die Rede ist, soll dieser Begriff in seiner ursprünglichen Bedeutung verstanden werden. Abgeleitet von dem griechischen Verb therapeúein bedeutet es pflegen, dienen, heilen. Mit diesem Verständnis bezieht sich Therapie keinesfalls nur auf den heilkundlich-klinischen Bereich. Sie umfasst sowohl den achtsamen Umgang mit sich selbst und mit anderen ebenso wie die Förderung und Entwicklung der Persönlichkeit, die Unterstützung in Krisensituationen und nicht zuletzt die Aktivierung von individuellen Kraftquellen (Ressourcen) im Sinne einer umfassenden Förderung und Wahrung der eigenen Gesundheit (Salutogenese).

Als Berater, Kursleiter, Trainer oder Therapeuten sind wir damit primär Begleiter. Entsprechend dem erweiterten Verständnis von Therapie wird die Arbeit mit selbst geschriebenen Texten als *Poesietherapie*, die mit vorgegebenen, z. B. auch literarischen Texten als *Bibliotherapie* bezeichnet (3).

Diese Kraft der Sprache bietet zunächst die Möglichkeit der Hilfe zur Selbsthilfe. Taucht ein Mensch zum Beispiel in ein (ent-)spannendes Buch ein und findet somit zumindest für kurze Zeit einen gewissen Abstand zu seinem Alltag, kann ihm das neue Kraft zur Bewältigung seiner Aufgaben geben.

Ähnlich verhält es sich beim Schreiben. So kann der Brief an einen lieben Menschen, die Tagebucheintragung, die Darstellung des eigenen Schicksals im Rahmen einer kleinen Geschichte, die Verdichtung der Gedanken beim Schreiben eines Gedichtes helfen mit Schwierigkeiten oder Problemen (leichter) umgehen zu können. Dabei gilt der Grundsatz:

> Ein von mir verfasster Text
> ist eine Botschaft
> von mir
> über mich
> für mich,
> aber auch an andere! (4)

So können wir uns selbst und auch andere durch das Schreiben persönlicher Texte ermutigen, bestärken und dadurch nicht zuletzt offen werden, um über das, was uns beschäftigt, mit anderen zu sprechen. Damit kann das Schreiben der drohenden Sprachlosigkeit und somit dem Verstummen entgegenwirken.

... und ihre heilenden Möglichkeiten

Durch die Methode der Poesie- und Bibliotherapie können in Einzel- und Gruppenarbeit Prozesse seelischer Integration und persönlichen Wachstums in Gang gesetzt und unterstützt werden. Und dies kann übungs-, erlebnis- und konfliktorientiert geschehen.

Die bereits zuvor erwähnte Entwicklung im deutschen Sprachraum fand vor allem im Rahmen der *Integrativen Therapie* (5) statt. Im Zusammenhang mit diesem Theorie und Praxis umfassend erklärenden und bereichernden klinischen Verfahren stellt die Poesie- und Bibliotherapie eine eigenständige Methode dar. Zugleich kann sie ebenso ergänzend z. B. zur Psychoanalyse, der Verhaltenstherapie oder der Systemischen Therapie sinnvoll eingesetzt werden.

Sie setzt als Methode und Medium zugleich bei unserer lebenslangen Korrespondenz, d. h. dem notwendigen Austausch mit unserer Umwelt und unseren Mitmenschen an. Sie sieht uns als schöpferische Menschen mit der grundsätzlichen Fähigkeit zur ständigen Integration und Kreation. Deshalb liegt die Aufgabe der heilkundlich-klinischen Poesie- und Bibliotherapie in der Förderung dieses, in welcher Form oder in welchem Maße auch immer, beeinträchtigten Prozesses.

Das Medium Sprache bietet damit die Möglichkeit, sowohl in der Arbeit mit eigenen (produktiv) wie auch fremden Texten (rezeptiv) zur Beseitigung von Störungen, Traumatisierungen, Konflikten und Defiziten nicht nur beizutragen, sondern ihre Verarbeitung teilweise erst zu ermöglichen. Denn stets geht es darum, dass das zu Behandelnde zunächst „zur Sprache kommt". Die Poesie- und Bibliotherapie bietet dabei in der Heilkunde einen Ansatz „zur Behandlung seelischer und psychosomatischer Erkrankungen und zur Bewältigung von Lebenskrisen" (6).

Eindrücklicher als in der Arbeit mit vorgegebenen

Texten zeigt sich das im selbst Geschriebenen, da ein selbst verfasster Text die Möglichkeit des bleibenden Ausdrucks bietet. Die Wirksamkeit des Schreibens im Hinblick auf den persönlichen (psychischen) Nutzen wurde bereits in verschiedenen Untersuchungen nachgewiesen (7).

Inwieweit Worte heilen, trösten, ermutigen und anregen können, wurde auch im Rahmen eines Forschungsprojektes an der Klinik für Tumorbiologie in Freiburg zwischen 1995 und 1998 untersucht. Die Teilnehmerinnen sahen darin vor allem eine gute Möglichkeit, ihre Probleme distanzierter betrachten und beschreiben zu können (8).

Objektiv nachvollziehbare Studien über die Wirksamkeit des Schreibens stammen aus den USA. So weist die von Smyth et al. geleitete Untersuchung signifikante, medizinisch belegte Erfolge bei Menschen nach, die an Asthma oder Rheumatoider Arthritis erkrankt waren und über Monate an regelmäßigen Schreibübungen teilgenommen hatten (9).

Die Sprache eines Menschen und sein Sprechen sind zentrale Bestandteile der Persönlichkeit und mit ihm und seinen Lebenszusammenhängen untrennbar verknüpft. Diesen Zusammenhang nutzt die Poesie- und Bibliotherapie im Interesse des Einzelnen und trägt damit nicht zuletzt zu dessen „Sprach-Entwicklung" im Sinn einer individuellen Ausdrucksmöglichkeit bei, mit der er sich selbst besser erkennen und sich anderen verständlicher zeigen kann (10). Denn sowohl Lesen wie auch Schreiben können Entdeckungsreisen sein. Sie helfen uns, uns selbst, unser eigenes Leben wie auch andere Menschen (besser) kennen zu lernen und vielleicht auch zu verstehen.

Besondere Möglichkeiten beim Schreiben in Gruppen

Die bisher angerissenen positiven Auswirkungen des Schreibens können nicht zuletzt auch in (Selbsthilfe-) Gruppen wesentlich zum Tragen kommen. Gegenüber dem Schreiben ohne anschließenden Austausch besteht hier die Möglichkeit zum Vorlesen des Geschriebenen in einem „geschützten" Rahmen. Diese Möglichkeit zur freiwilligen „Veröffentlichung" ist insbesondere dann positiv wirksam, wenn sich die Rückmeldungen der anderen Gruppenmitglieder einer Bewertung enthalten und sich stattdessen auf beobachtetes Verhalten (*Feedback* in der Form von: „ Ich habe bei deinem Lesen wahrgenommen, dass du ...") oder das Widergeben eigener Gefühle und Erinnerungen (in Form eines *Sharings*: „Dein Text hat in mir (Gefühle /Erinnerungen)... wachgerufen") beschränken. Durch das Unterlassen jeglicher Bewertungen der Form oder der Inhalte soll vermieden werden, dass sich eventuelle frühere Kränkungen wiederholen. Hierdurch sind die Gruppenmitglieder in der Lage, sich gegenseitig Trost, Mitgefühl und Anteilnahme zu geben. Nicht zuletzt die Erfahrung von Solidarität (mir geht es mit dieser Erfahrung nicht alleine so ...!) ist ein bedeutsamer positiver Wirkfaktor in der Arbeit mit Gruppen.

Jeder schriftliche Ausdruck kann die Entfaltung der

eigenen Persönlichkeit durch Erweiterung der Ausdrucksfähigkeit unterstützen. Sie bewirkt auch immer eine Bestärkung für das eigene Tun und kann letztendlich für den oder die Schreibenden strukturierend wie auch zunehmend sinnstiftend sein. Gerade darin ist auch ein wesentlicher Aspekt der biografischen Arbeit zu sehen.

Schreiben in der Selbsthilfegruppe REGENBOGEN

Die im Jahre 2004 von Annegret Winkel-Schmelz als Selbsthilfegruppe ins Leben gerufene Schreibgruppe REGENBOGEN nutzt diese dem Schreiben in Gruppen innewohnenden Möglichkeiten. Auf dieser Basis entwickelte sich ein Miteinander, in dem nicht nur Wert auf die einzelnen Schreibentwicklungen, sondern ebenso auf die Stärkung und den Halt der Teilnehmerinnen und Teilnehmer im Alltag gelegt wird.

Durch diese behutsame, achtsame Arbeit ist es möglich, dass Menschen, die oft nicht zuletzt aufgrund ihrer Erkrankung von der Umwelt zurückgezogen oder gar isoliert leben, sich allmählich wieder trauen sich anderen mitzuteilen. Aus diesem sich entwickelnden Vertrauen erwächst zunehmend der Mut, sich auch über ganz persönliche Themen und Gefühle auszutauschen, sich mit ihnen zu zeigen und damit wiederum anderen Gruppenmitgliedern vor Augen zu führen, dass sie mit ihren Emotionen und Gedanken keinesfalls alleine stehen. Diese in der Gruppe stets beachtete Kultur im Umgang miteinander habe ich dort wiederholt als Dozent von Tagesseminaren vorgefunden. Auch wenn es dabei um Themen wie „Schreibzugänge" oder „literarische Formen und ihre Wirkungen" ging, so stand doch stets der Einzelne mit seinem Text und den dadurch hervorgerufenen Gefühlen und Erinnerungen im Mittelpunkt.

Verschiedene der in diesem Buch enthaltenen Texte resultieren aus diesen die Gruppe immer wieder stärkenden Seminaren oder sind aus der Resonanz auf die neuen Eindrücke entstanden.

Über diesen in Selbsthilfegruppen immer wieder neu zu leistenden Prozess hinaus hat es die Schreibgruppe REGENBOGEN aber seit Jahren geschafft, an die Öffentlichkeit zu gehen. Von psychosozial und literarisch engagierten Menschen in verschiedenen Berufs- und Lebenspositionen unterstützt, können sie damit nicht zuletzt auch Psychiatrieerfahrenen andernorts zeigen, dass man sich zu seiner Erkrankung bekennen und mit ihr „öffentlich" leben kann. Damit erweist diese Gruppe auch unserer Gesellschaft einen wichtigen Dienst: Sie bricht das Schweigen und wagt den Weg mitten in unser aller Leben, mitten in unseren Lebensalltag.

Die Methode der Poesie- und Bibliotherapie verlangt in der Einzel- wie auch der Gruppenarbeit einen behutsamen und bewussten methodischen Einsatz und ein fein strukturiertes Vorgehen, wenn Sie den Menschen helfen soll. Selbstverständlich bedarf eine solch sensible Arbeit insbesondere mit psychiatrieerfahrenen Menschen auch dann einer fundierten Ausbildung, wenn sie fern jeder heilkundlichen Tätigkeit ausgeführt wird. In der Vermittlung der dafür erforderlichen Fertigkeiten und Kenntnisse geht es nicht nur um die kreativen Möglichkeiten der Sprache, sondern ebenso um den Umgang mit den durch die Texte freigesetzten Emotionen. Nach dem Grundsatz: „Wir lernen die Methode durch die Methode" erfordert ein solcher Lernprozess nicht zuletzt die Bereitschaft zur Arbeit an sich selbst. Insbesondere das, was in der Auseinandersetzung mit den eigenen Gefühlen erfahren wurde, kann später fundiert in der Arbeit mit anderen Menschen angewendet werden (11). Und in welcher Schreibgruppe – ob mit therapeutischem, persönlichkeitsbildendem, literarischem oder kreativem Anspruch – treten keine Emotionen zutage?

Die Vielfältigkeit unserer Sprache ist faszinierend. Schreiben und Lesen als Teil davon bieten uns unzählige und meist nur im Ansatz genutzte Möglichkeiten im Umgang mit uns und unseren Mitmenschen. Ein enormes Potential, das wir alle in uns tragen.

Es liegt bei uns, es (mehr) zu nutzen!

Anmerkungen und Quellen:

1   aus dem Gedicht „Wünschelrute" von Joseph Frei-
herr von Eichendorff

2   vgl. Engelhardt, D. v. „Bibliotherapie", unveröf-
fentlichtes Manuskript, zitiert nach Pape, T. „Die
heilende Kraft der Sprache" in dem gleichnamigen
Reader der Deutschen Gesellschaft für Poesie- und
Bibliotherapie, Düsseldorf 2002.

3   Diese Definition hat sich mittlerweile allgemein
durchgesetzt (vgl. Marschik, M. „Poesietherapie: Therapie durch Schreiben? Wien 1993, S. 17 und 154; Wer-
der, L. v. „Schreib- und Poesietherapie" Weinheim,
1995, S. 70)

4   vgl. Petzold, H. G.; Orth, I. (Hrsg.) „Poesie und
Therapie" Paderborn, 1985, S. 59, Neuauflage Biele-
feld 2005. Die aktuelleren Forschungsergebnisse be-
rücksichtigt der Artikel „Leib, Sprache, Geschichte
in einer integrativen und kreativen Psychotherapie"
von Orth, I. und Petzold, H. G. in der Fachzeitschrift
„Integrative Therapie" 2008 No. 1/2 S. 99 -146.

5   Petzold, H. G. „ Integrative Therapie", Paderborn
1993)

6   Petzold, H. G.; Orth, I. 1985, S. 58.

7   Aufgrund der dortigen Akzeptanz sind bisher die
meisten Nachweise für die Wirksamkeit in den USA

erbracht worden. Sehr deutlich zeigen das die von James W. Pennemaker angeführten Studien, die sich jedoch ausnahmslos auf die Poesietherapie und insbesondere seine Methode des „expressive writing" beziehen. (vgl. Pennemaker, James W. „Heilung durch Schreiben" Bern 2010)

8   Weis, J.; Seuthe-Witz, S.; Nagel, G. A. (Hrsg.) „Das Unbeschreibliche beschreiben, das Unsagbare sagen", Regensburg 2002

9   Diese klinische Studie zeigt so eindeutig positive Resultate, dass im Editorial der Hinweis stand: „Würde es sich dabei um ein Medikament handeln, wäre seine Anwendung sowie sein breitgefächerter Einsatz schnell gegeben." (vgl. Smyth, J. M.; et al. „Effects of Writing About Stressful Experiences on Symptom Reduction in Patients With Asthma or Rheumatoid Arthritis", J. Amer. Med. Ass.281, 1999, 1304 – 1309)

10 vgl. Wilhelm, A. „Geht uns die Sprache verloren?" in dem gleichnamigen von der Deutschen Gesellschaft für Poesie- und Bibliotherapie herausgegebenen Reader, Düsseldorf 2008.

11 Das Fritz Perls Institut in Düsseldorf und die Europäische Akademie für psychosoziale Gesundheit in Hückeswagen führen seit mehreren Jahrzehnten ständig weiterentwickelte Ausbildungsgänge in Poesie- und Bibliotherapie durch. Diese Ausbildungen befähigen zu einer verantwortungsvollen Leitung

von literarischen, kreativen und persönlichkeitsbildenden Schreibwerkstätten. Sie bestehen im Kern aus einer Grund- sowie einer Aufbaustufe von jeweils 4 Blockseminaren à 4 Tagen. Dabei stehen neben den Eigenerfahrungen nicht zuletzt der Umgang mit Gefühlen, der gezielte Einsatz der Techniken, die methodischen Vertiefungen und das notwendige Hintergrundwissen im Mittelpunkt. Für die klinische Arbeit werden dort ebenfalls umfassende berufsbegleitende Ausbildungsgänge angeboten. Nähere Informationen unter www.eag-fpi.com.

Die 1984 gegründete Deutsche Gesellschaft für Poesie- und Bibliotherapie e.V. (DGPB) hat es sich als Berufsverband zur Aufgabe gemacht, diese Methode weiter zu entwickeln, die in Deutschland, Österreich und der Schweiz Tätigen zu vernetzen sowie für qualitativ hochwertige Aus- und Fortbildungen zu sorgen. Nähere Informationen unter www.dgpb.org

Alexander Wilhelm (Dipl.-Päd.) ist in eigener Praxis im Bereich Sprach- und Psychotherapie sowie als Lehrtherapeut und Lehrbeauftragter in verschiedenen Weiterbildungsinstituten tätig.
Nähere Informationen unter www.praxis-wilhelm.de

Teil I
Vielfältiges Leben

Martina Müller
Akrostichon

REGENBOGEN

R egenbogen – Gedankenkette
E hrliche Perlen in Worte gewebt
G ute Gespräche – Begegnungsstätte
E igenart – vielfältig, bunt und erlebt
N utzen für alle und Freude für jeden
B asis für fröhlichen Flug in die Höhn
O hne Bedenken die Themen bereden
G ute Freunde, die sich auch verstehn
E rlebtes beschreiben macht seelisch gesund
N ah beieinander – pastellfarben bunt

Manuela Stockmann
Was mir das Schreiben ist

Es war einmal ein sechsjähriges Kind, das Manuela hieß. Es wurde 1970 eingeschult. In der ersten Klasse lernte es Schreiben und Lesen, wofür sich das Mädchen sehr interessierte.

Zehn Jahre lang lernte sie fleißig das A und O des Schreibens. In den zehn Jahren führte sie ein Tagebuch, schrieb Märchen aus Büchern ab und schrieb laufend ihre Schulhefte neu. Doch dieses Schreiben wurde von ihren Eltern nicht gefördert, im Gegenteil.

Dann kamen die Lehre und der Beruf, und es blieb ihr neben der Kindererziehung keine Zeit mehr zum Schreiben.

Im Jahr 2001 erkrankte Manuela psychisch. Sie fing an, ihre Probleme und Sorgen aufzuschreiben.

Dann wurde sie 2007 in die Schreibgruppe RE-GENBOGEN aufgenommen. Seitdem schreibt sie sehr viel über ihr Leben, wie hart es war und wie sie versucht, stabil zu bleiben.

Durch ihre Texte hat Manuela gelernt, das vergangene Geschehen besser zu verarbeiten. Auch die Texte der anderen helfen ihr dabei, ihren Schmerz zu ertragen und zu bewältigen.

So konnte sie erfahren, dass es auch andere Menschen gibt, die viel Schweres erlebt haben, was auch ihr widerfahren war und wie die anderen TeilnehmerInnen lernen, damit umzugehen.

Ihr Schreiben in der Schreibgruppe REGENBO-GEN und die Resonanz der anderen darauf haben sie stabiler und gesünder werden lassen.

Sie durfte ihre Liebe zum Schreiben neu finden und leben. Durch die Schreibgruppe, Workshops und Seminare bekam sie Details aufgezeigt, was sie beim Schreiben beachten kann und welche Formen des Schreibens es gibt.

Valborg Ritter
Besuch ist nicht gleich Besuch

Diese Geschichte kann ich nur schreiben, weil ich keinen Besuch habe. Eigentlich mag ich Gäste, man kann schön schwatzen, dabei ein Tässchen Kaffee trinken und über dies und das plaudern. Irgendwann geht der Besuch dann wieder, was auch in Ordnung ist. Nette Stunden zu verbringen ist ein Gewinn. Manchmal merke ich schon ein paar Tage zuvor, dass wieder Besuch kommt, aber diesen mag ich überhaupt nicht. Prompt klingelt es heftig, und mit klopfendem Herzen öffne ich die Tür. Da steht sie, bepackt mit Koffern, Taschen, Beuteln, stolpert mit Wucht in meine Wohnung, lässt alles fallen und umarmt mich. Ich bin wie gelähmt, mag diese Berührung nicht, fühle mich erdrückt. Sie besetzt in aller Fülle meine ganze Wohnung, der Redeschwall will nicht enden. Überall herrscht jetzt Chaos in allen Räumen. Wo kann ich mich verkriechen, verstecken, einfach abhauen? Nichts davon geht, sie hat mich gelähmt wie eine Schlange die Maus. Ich habe Angst, mir ist schlecht, aber das interessiert sie nicht.

Diesen Besuch kann ich namentlich nennen, einige kennen diese Person sicherlich auch, sie heißt Frau Depression. Ich bin ja nicht die Einzige, die sie besucht, im Gegenteil, sie sucht ständig neue Menschen, die sie sich einverleibt.

Zurück zu mir. Selbst abends, wenn ich ins Bett gehe, legt sie sich neben mich. Ich krümme mich zusammen, rutsche an die Bettkante und liege ganz still, sie soll mich nicht berühren. Ich warte sehnsüchtig auf den Bruder Schlaf. Ganz leise geht die Schlafzimmertür auf, er schleicht sich zu mir, aber da scheucht Frau Depression ihn mit üblen Worten wieder hinaus. Da fange ich zu weinen an in meiner Verzweiflung. Das mag sie gar nicht, denn gegen Tränen ist sie machtlos. Ich weine und weine einen ganzen See voll und irgendwann ertrinke ich, erlöst, darin.

Die Tage vergehen schleppend, ich darf kein Fenster öffnen, keine Tür. Wohin ich gehe, sie ist immer neben, vor oder hinter mir. Jetzt weine ich auch am Tag, dies ist meine einzige Waffe. Und dann ist es soweit, genervt wirft sie ihren Kram in die Koffer, Taschen und Beutel. Beleidigt rauscht sie zur Tür hinaus, ruft: Irgendwann komme ich aber doch wieder!

Was für eine himmlische Stille um mich herum. Ich öffne Fenster und Türen, spüre die frische Luft, die mich wieder ohne Angst atmen lässt. Langsam kehre ich zurück in die Normalität, unendlich dankbar. Das Leben, das schöne Leben hat mich wieder.

Heute Abend, wenn der Bruder Schlaf kommt, werde ich mit ihm einen Deal machen. Er soll mir ein winziges Säckchen mit Sand schenken. Das verstecke ich unter meinem Kopfkissen. Wenn Frau Depression das nächste Mal kommt und wir schlafen gehen, werde ich sie überlisten, mir heimlich ein paar Körnchen in die Augen streuen und einfach ganz fest einschlafen. Da wird sie sich mächtig ärgern.

Euch, die ihr meine Zeilen lest, bitte ich, mich nicht zu verraten.

Besuch kommt und geht, mal ist man deswegen traurig, mal ist man total froh darüber. So ist halt das Leben, ein Auf und Ab und nie langweilig.

Annegret Winkel-Schmelz
Die Krähe

Es hackt die alte Nebelkrähe
der jungen fast die Augen aus.
Der Schwarm fliegt nicht in ihrer Nähe.
Die sitzen andernorts beim Schmaus.

Die Arme kann nun kaum noch sehen.
Der Kummer macht sie taub und stumm.
Nicht mal gradaus kann sie mehr gehen.
Im kleinen Kreis hüpft sie herum.

Das bringt dir jetzt dein furchtlos Reden,
spricht keck die Eule aus dem Baum.
Die Krähenfee berät nicht jeden,
drum wünsch sie dir in deinen Traum.

Nicht lange klagt die Seele weiter,
noch kann sie fliegen, wenn auch irr.
Sie träumt von Ferne und ist heiter,
bleibt, wer sie ist, auch im Gewirr.

Geschunden - wächst sie über Grenzen,
macht sich den Zweifel untertan,
stellt für sich fest bei Krähentänzen,
ihr Leben läuft nach einem Plan.

Sie putzt die Federn immer wieder,
ihr Schnabel fängt sich manchen Wurm.
Im Chor mit andern krächzt sie Lieder.
Die alte Krähe hockt im Turm.

Gabriele Reichert
Ein bewegendes Jahr 2009

Januar:
Rohrbruch in der Wohnung zwei Etagen über mir.
Ich höre ein Plätschern, sehe aber nichts; rufe eilig
die Hausverwaltung an, man möchte bitte nach dem
Rechten sehen.

Ich hatte meine Pflicht erfüllt und gehe gelassen
meinem Frisörtermin nach. Mit einer Laugenbrezel
in der Hand komme ich gegen Mittag zurück und
sehe schon den Hausmeister unruhig vor der Tür
von einem Bein auf's andere treten.

„Sind Sie Frau Reichert? Ich musste in der Wohnung über Ihnen das Wasser herausschöpfen und
bei Ihnen wird es jetzt sicher die Wände herunter
laufen – sorry".

Mutig, aber auch ängstlich schreite ich nach oben.
Korridor, Schlafzimmer und Bad – eine Tropfstein-
höhle. Ich hole Lappen, Schüsseln und Eimer, und
jetzt habe ich an einigen Stellen immer dieses klack,
klack des Wassers, das in den bereitgestellten Gefä-
ßen landet.

Auf einmal ein Krachen – die Lampe im Bad hat
sich von der Decke gelöst und hängt und schaukelt
nun auf halber Strecke. „Kopf einziehen, wenn du
ins Bad gehst und nur kein Licht anmachen" – denke
ich. Der Hausmeister kommt mit dem Fotoapparat,
ist aber bald wieder verschwunden.

Am nächsten Tag – Hausmeister und ein Vertre-
ter der Gebäudeversicherung wollen den Schaden
begutachten.

„Hier sieht es aber schon wieder gut aus, wenn ich das mit gestern vergleiche."

Wenn der wüsste, wie ich rotiert bin, schließlich muss ich es noch zwei Monate hier aushalten.

Von nun an ständige „Hausbesuche" von Versicherungsleuten, Gutachtern, Trockenlegern und Sanierungsleuten – ganz schön belastend manchmal. Allen sagte ich mehrfach:

„Ich ziehe im März aus, dann können Sie mit Ihren Arbeiten beginnen." Einverständnis – schließlich kommt man ja auch in einer leeren Wohnung besser voran.

Februar:

- Umzugsplanung; günstiges Unternehmen finden, Termin festlegen, Anlieferung der Umzugskartons (sechzig!)

Die Wohnung wird von Tag zu Tag ungemütlicher; neben meinem Bett türmen sich bereits die gepackten Kisten. Und dann beginnen in der über mir liegenden Wohnung die Sanierungsarbeiten.

Trockner, Lüfter, die brummen und vibrieren – Tag und Nacht. Meine Ohrstöpsel sind immer in greifbarer Nähe.

März:

3. 3. Umzugstag – endlich raus aus der Tropfstein- und Krawallhöhle!

Halb sechs aufstehen, um sieben steht das Umzugsunternehmen vor der Tür.

Kirsten schläft bei mir in der letzten Nacht in der Reilstraße und bleibt noch einen Tag an meiner Seite

– das ist beruhigend und gibt mir Sicherheit.

Es läuft alles gut; gegen zehn Uhr schon Frühstück in der neuen Wohnung, bevor die Möbel und Kartons ausgeladen und hoch geschleppt werden müssen. Schaffen mit kurzen Unterbrechungen bis elf Uhr abends. Es war ein erfolgreicher Tag und das Chaos hält sich in Grenzen, zumal Kirsten beim Auspacken kaum zu bremsen war. Besonders die neue Küche hatte es ihr angetan. Wenn die Möbelträger mit Kisten kamen, hat sie immer gleich gerufen: „Küche – hierher zu mir!"

Am nächsten Tag – Anschluss der Geräte, und das Fernsehgerät sagt keinen Pieps mehr. Ich rufe etwas verärgert das Umzugsunternehmen an; ist der Fernseher doch bis zum letzten Tag in der alten Wohnung topp gelaufen. Ich habe mein Zweitgerät aus dem Schlafzimmer den Umzugsleuten überlassen mit der Bemerkung: „Zwei Fernsehgeräte brauche ich nicht."

Hätte ich natürlich gewusst, dass mein guter, alter, dicker „Grundig" (Neupreis 3.200 DM) den Geist aufgibt, wäre ich nicht so großzügig gewesen.

Auf die Frage, ob das Gerät über zehn Jahre alt ist, musste ich mit einem eindeutigen „Ja" antworten. Dann müssen Sie damit rechnen.

Ein Zeitwert von hundert bis hundertfünfzig Euro wäre bei entsprechendem Schriftverkehr mit der Versicherung eventuell drin.

Da hatte ich aber Glück, dass Waschmaschine und Mikrowelle, die auch die Zehn schon überschritten haben, dem Umzugsstress trotzten. Jedenfalls gibt sich der neue „Philips" Flachbildschirm äußerst attraktiv in der neuen Wohnung, und ich bin zufrieden.

April:

Die Gefühle fahren Achterbahn mit mir. Zum Glück schaffe ich es zur Schreibgruppe zu gehen und kann dort einiges herauslassen, finde Verständnis und Mitgefühl – das tat sehr gut.

Sorgen um Kirsten plagen mich, ich bin manchmal hilflos, kann ich doch nicht mehr als eine harmonische Atmosphäre und meine uneigennützige Zuneigung und Liebe geben. Ich komme nicht mehr zur Ruhe, da nutzen auch die Tavor nichts.

Frau Dr. Altstadt fährt mit härteren Geschützen auf – Seroquel zur Nacht. Damit kann ich jetzt schlafen, bin aber auch tagsüber oft traurig, und so kann ich mich gar nicht leiden. Ich werde auch auf Grund des Bewegungsmangels immer dicker und damit unzufriedener.

Mai:

Keine großen Veränderungen, die Depression schleicht sich immer tiefer ein und so drehe ich wie jedes Mal meinen Lebensfilm zurück, um mir zu beweisen, dass ich zu nichts tauge.

Ich kann mich über gar nichts freuen, schon gar nicht über das Erreichte.

Juni:

Dauernde Forderungen von der alten Hausverwaltung, und ich habe keine Kraft zum Kämpfen – alles nervt – am liebsten die Decke über den Kopf und nichts hören und sehen.

Juli:
Die neue Wohnung ist sehr sonnig, aber auch am Nachmittag sehr heiß, sodass ich den Balkon von drei bis sieben Uhr trotz großem Sonnenschirm kaum nutzen kann.

August:
Ich habe eine Fahrkarte nach Norden in Ostfriesland. Meine Tischnachbarin während der Kur im Oktober 2008 hat mich herzlich eingeladen, für acht bis zehn Tage zu kommen.

Panik vor allem Fremden plagt mich. Dann sind da noch Mann und Sohn mit im Haus.

„Was sollen die von dir denken, wenn du um neun Uhr nicht geschniegelt und gebügelt am Frühstückstisch sitzt? Unterhalten kannst du dich auch nicht, der Kopf ist leer."

Und die Angst vor dem Geburtstag – der wäre in die Urlaubsphase gefallen, was ich extra so eingerichtet habe.

Angst, Angst, Angst, ich habe die Fahrkarte verfallen lassen und um Verständnis bei meiner Kurfreundin gebeten.

„Aufgeschoben ist nicht aufgehoben" – tat gut als Antwort.

September:
Hoffentlich ist der Sommer und die damit verbundene Hitze bald vorbei. Ich schwitze so vor Angst und Fett und denke immerzu, ich stinke. Ich bin traurig, dass ich so wenig mit den Enkelkindern unterneh-

men kann; ich bin meist zu kraft- und mutlos.

„Jetzt tauge ich zu gar nichts mehr" denke ich und die Depression wird immer schlimmer.

Oktober:
Endlich Herbst, den ich so herbeigesehnt habe. Aber Freude oder Zufriedenheit kommt auch nicht auf.

Ich bin sehr traurig, dass ich an der CD nicht aktiv mitwirken kann, wo Texte sprechen und lesen doch eigentlich mein Ding sind.

„Schade Gabi, dass du dich so runter machst und dich ständig selbst bestrafst."

November:
Frau Dr. Altstadt schlägt eine Umstellung der Medikation vor. Sie schaut mich sehr besorgt an und bringt die Klinik ins Gespräch. Also ein anderes Neuroleptikum. Ich vermisse die sedierende Wirkung des Seroquels und habe tausend Nebenwirkungen von den neuen Tabletten. Es ist die Hölle. Am belastendsten sind die starken Schweißausbrüche schon bei der geringsten Anstrengung. Vierzehn Tage bis drei Wochen muss ich das wohl aushalten.

Da könnte es mir ja Weihnachten etwas besser gehen – sehe ich da einen Hoffnungsschimmer?

Dezember:
Alles wird gut. Ich bin so dankbar; die Nebenwirkungen lassen nach. Manchmal empfinde ich so etwas wie Freude – muss aber auch oft weinen. Aber selbst das sehe ich positiv; schließlich fühle ich endlich, endlich wieder etwas.

Das Jahr geht so gut zu Ende und ich bin froh, dass Gott meine Gebete, mein Flehen erhört hat.

Kirsten schließt mit Bravour ihr Studium ab. Ich bin so glücklich und stolz und freue mich mit ihr, dass sie alles so prima hinbekommen hat.

Der Nachmittag in Halle-Neustadt mit der CD-Präsentation tat gut. Ich habe mich dazugehörig gefühlt und war froh, dass ich es geschafft habe, mich fertig zu machen und loszugehen.

Kam mir doch Petra auf halber Strecke zur Straßenbahn entgegen, wie schön. Als ich abends zu Hause war, überkam mich ein Gefühl der Zufriedenheit. Ich habe meine Weihnachtsbeleuchtung aktiviert und war glücklich über meine schöne, gemütliche Wohnung.

Ich bin endlich hier angekommen. Es war kein einfaches Jahr, aber ich merke gerade, dass ja auch eine Menge zu verkraften war, und ich habe es verkraftet und nur das ist es, was letztendlich zählt.

Ich habe wieder viel über mich gelernt und wie ich in verschiedenen Situationen meine alt vertrauten Mechanismen anwende. Je mehr ich mir auf die Schliche komme, desto besser kann ich mit meiner Krankheit umgehen.

Zu wissen, es gibt Menschen, die mich mit all meinen Fehlern annehmen, ist ein ganz wesentlicher Bestand, um über- und weiterleben zu können. Dafür bin ich sehr dankbar, so wie ich dankbar für dieses vergangene Jahr bin.

In diesem Sinne freue ich mich auf die Herausforderungen im neuen Jahr.

Sigrid Lindenblatt
Streben zwischen Geburt und Sterben

Zeit zu leben – Zeit ist Leben

Ich werde geboren – ich bin Säugling.
Ich empfange Liebe.
Ich wachse – ich bin Kleinkind.
Ich darf spielen, lachen, weinen – ich kann mich des Lebens freuen.
Ich lerne – ich bin Schulkind.
Ich habe Freunde zum Lernen, Spielen und Streiten.
Ich muss mich durchsetzen – habe ich Mut?
Ich erlerne einen Beruf – ich bin Lehrling.
Ich arbeite – ich bin Facharbeiterin.
Ich studiere – ich bin Fernstudentin.
Ich übernehme Verantwortung – ich bin Sachbearbeiterin.
Ich werde Leiterin einer Dienststelle.
Ich verliebe mich – ich liebe – ich werde geliebt.
Ich gründe eine Familie.
Ich schenke Liebe.
Ich schenke Leben.
Ich sorge mich – ich erziehe.
Ich gebe Erfahrungen weiter – versuche manches anders zu machen.
Immer noch bestimmt die Arbeit mein Leben – überwiegend die bezahlte Arbeit.
Dann auf einmal habe ich Zeit ...
Ich habe Zeit zu leben.
Ich kann genießen – endlich kann ich tun, wozu ich

Lust habe.
Das Funktionierenmüssen hat ein Ende!
Irgendwann werde ich sterben müssen!

War ich glücklich in diesem Leben – in meinem Leben?

Hat es sich gelohnt zu leben? ...

Ich denke – JA!!! ...

Annette Pichler
Mein liebes Kind,

wie gern hätte ich dich kleinen Menschen, der auch meine Gene besitzt und mir ein wenig ähnelt, gehabt, um mit dir gemeinsam die Welt zu entdecken, dich zu beschützen, zu verwöhnen und über alles zu lieben. Ja, ich hätte alles für dich getan, auch auf einiges verzichtet, damit es dir immer gut geht.

Aber es sollte nicht sein. Manchmal mache ich mir Vorwürfe, dass ich nicht alles menschlich und medizinisch Mögliche versucht habe, um dich doch noch zu bekommen, ehe die biologische Uhr abgelaufen ist. Aber ich war zu ängstlich und zeitweise auch zu depressiv um zu kämpfen. Ich hatte nicht den Mut, mich auf eine Hormonbehandlung oder Ähnliches einzulassen. Vor allem traute ich mir nicht zu, mir die Hormone regelmäßig selbst zu spritzen. Das stellte für mich eine große Hürde dar.

Doch es tut immer wieder weh, wenn ich das Glück von Leuten mit einem oder mehreren Kindern oder Enkelkindern sehe oder sie davon erzählen höre. Dann merke ich, wie sinnlos und leer mein eigenes Leben ist. Ich fühle mich als ein Versager und nicht wie ein vollwertiger erwachsener Mensch. Ich habe Angst davor, alt zu werden und jegliche Verbindung zur Jugend und damit zum aktuellen Zeitgeschehen zu verlieren.

Leider haben ich und auch mein Mann keine Nichten oder Neffen, die wir besuchen und aufwachsen sehen könnten. Die Kinder bzw. Enkelkinder meiner Cousins leben alle weit entfernt von uns. Dadurch kenne ich sie teilweise nicht einmal.

Auch die Kinder meiner Schulfreundin konnte ich nur sehr unregelmäßig sehen, weil wir seit fast fünfundzwanzig Jahren in verschiedenen Städten wohnen und meine Freundin während ihrer Promotion längere Zeit in den USA verbracht hat. Nun arbeitet sie schon seit einigen Jahren in den alten Bundesländern, und ihre Kinder sind inzwischen erwachsen.

Im Moment ruhen meine Hoffnungen, doch noch eine Beziehung zu einem Kind aufbauen zu können, auf meiner vierzehn Jahre jüngeren Freundin vom Chor, die Anfang August ein Kind erwartet. Sie wohnt seit einiger Zeit in meiner Nähe. Ich hoffe, wir besuchen uns öfter mal, wenn ihr Kind geboren und sie ein Jahr lang zu Hause ist.

Gern würde ich eine Patenschaft für das Kind übernehmen. Doch ich will auch nicht zu aufdringlich sein. Wir kennen uns noch nicht so lange.

Vielleicht kann ich diesem Kind ein wenig von dem geben, was ich dir nie geben konnte und ich könnte dann für wenige Momente auch einmal dieses Glücksgefühl spüren, das ich bis jetzt noch nicht kenne.

Wenn es mir auch schwer fällt und mich sehr traurig macht, muss ich mich nun von dir verabschieden.

In Liebe
Deine Mutti

Annegret Winkel-Schmelz
Rede zur Eröffnung des Kinder- und Familienprojektes „Seelensteine" für Halle und den Saalekreis am 13. 06. 2008 in Halle

Ich mache mal einen Sprung zurück ins Jahr 2000, genauer gesagt, zum 16. Mai. Diesen Tag werde ich nie vergessen. Nach viereinhalb Monaten wurde ich aus der Klinik entlassen. Meine zwei Kinder waren damals neun und siebzehn Jahre alt. Während der Klinikzeit lebten sie jeweils beim Vater. Nur, danach kamen sie nicht zu mir zurück. Die Väter hatten das auf Grund meiner Psychiatrieerfahrung verhindert. Ich war und bin eine gute Mutter, verstand die Welt nicht mehr und war das erste Mal in meinem Leben suizidgefährdet. Ein Grund, warum ich dies nicht tat, war der: Es hätte keinen Menschen gegeben, der meinen Kindern hätte erklären können, was wirklich mit ihrer Mutter passiert war. Die Väter sprachen nicht mit ihnen darüber.

Also nahm ich all meine Kraft und meinen Mut zusammen, bewältigte nicht nur meine Erkrankung, sondern kämpfte wie eine Löwin um meine Jungen: zahlte Unterhalt, ließ nicht locker in Besuchsrechts- und Urlaubsfragen, unternahm Freizeitaktivitäten und kümmerte mich in der wenigen gemeinsamen Zeit so intensiv wie möglich um ihre Erziehung.

Ich holte mir verantwortungsbewusst Hilfe: Diese fand ich im Verein „Rückenwind", im „Labyrinth" e. V. und im Sozialpsychiatrischen Dienst.

Aber wer kümmerte sich darum, wie es in meinen Kindern aussah? Wie sehr hätte ich mir für sie Rat und Unterstützung in hilflosen Situationen, die es auch gab, durch solch ein Projekt wie „Seelensteine" gewünscht. Die Last der Ereignisse hatten meine Kinder zu tragen.

Ich möchte nur kurz erzählen, wie ich mich in den sechs Jahren gefühlt habe, in denen mein jüngerer Sohn nicht bei mir gelebt hat. In den Tagen, an denen mein Kind besuchsweise bei mir war, ging es mir gut. Schon eine Woche zuvor begann ich mit dem Einkauf. Meine Vorfreude trug mich. Nachdem er wieder bei seinem Vater war, fiel ich tagelang in ein Loch. Ich weinte viel. Mein Mann, mein erwachsener Sohn, Freunde, unsere Selbsthilfegruppe und die ehrenamtliche Arbeit trösteten mich über diese schwere Zeit, sie alle gaben mir Halt und Energie.

Ich denke, „Seelensteine" schließt eine Lücke

durch die gezielten Angebote und verringert Risikofaktoren im Genesungsprozess. Familien haben qualifizierte Ansprechpartner mit einer Allianz untereinander, damit niemand durch das Netz fällt und sie nicht in Verzweiflung und Hilflosigkeit enden, sondern ihre besondere Situation im Anders-Sein beim Gesundwerden konkret im Alltag leben können.

Nun zurück zu mir: Wie ging es in meiner Familie weiter? Mein älterer Sohn zog an seinem achtzehnten Geburtstag wieder bei mir ein, und ich konnte ihn noch beständig durch die Lehre begleiten. Mein jüngerer Sohn, mittlerweile siebzehn Jahre alt, lebt seit zwei Jahren wieder in unserem Haushalt. Sein Vater war plötzlich verstorben. Eine komplizierte Situation, auf die niemand von uns vorbereitet war. In unserer Familie haben wir es geschafft, ihm Zuversicht auf seinen Lebensweg mit zu geben.

Ich weiß aus eigener Erfahrung, wie wichtig es ist zu wissen, wo es Angebote, Rat, Unterstützung und Hilfe gibt. Das beruhigt und stärkt. Krisen gehören zum Leben und jeder Mensch kann hineingeraten.

Das Kinder- und Familienprojekt „Seelensteine" vermittelt, dass es trotz Erkrankung Hoffnung geben kann.

Manuela Stockmann
Ein Glücksgefühl

Sieben lange Jahre hatte ich zu meiner großen Tochter durch meine Krankheit und die daraus resultierenden Geschehnisse keine Verbindung. Mir war zumute, als hätte mir jemand das Herz herausgerissen. Mit ihrem Auszug aus der Wohnung ihres Vaters und der Rückkehr ihrer kleinen Schwester in meinen Haushalt im Jahr 2007 begann auch ein Neuanfang für uns beide. Sie fing an, den Kontakt zu mir zu suchen, erst telefonisch und nach und nach mit persönlichen Besuchen. Anfangs taten wir uns sehr schwer, beide waren wir in den verlorenen sieben Jahren andere Menschen geworden, mussten uns erst neu kennen lernen. Für mich mit meiner Erkrankung war es besonders schwer, die Erwartungen meiner beiden Töchter zu erfüllen. Wir waren wie fremde Menschen. Oftmals war ich von ihrem Besuch und dem daraus entstehenden Kampf zwischen beiden um meine Liebe so überfordert, dass es mir sehr schlecht ging. Beide Kinder sind total verschieden, und ich musste lernen, jedes Kind auf seine Art und Weise zu nehmen. Dabei wurde ich oftmals von ihnen verletzt, ohne dass sie es wollten.

Jetzt nach drei Jahren haben wir uns gut zusammen gerauft, meine große Tochter kommt mich gern und oft besuchen, und auch ich fahre zu ihr, und mir geht es überhaupt nicht mehr schlecht dabei. Die Mädchen verstehen sich jetzt untereinander auch besser, darüber bin ich sehr glücklich. Am ersten September 2010 brachte ich meine große Tochter zum Weinen, und mich überkam ein Glücksgefühl.

An diesem besagten Tag hatte sie Geburtstag, den sie bei mir verbringen wollte. Ich ließ mir eine Riesenüberraschung einfallen, schließlich war es nach zehn langen Jahren das erste Mal wieder, dass ich zusammen mit ihr ihren Geburtstag verbringen durfte.

Mir war nicht klar, ob mir die Überraschung gelingen würde, denn schließlich war es ja schon ihr dreiundzwanzigster Geburtstag.

Ich hängte eine Geburtstagsgirlande und Luftballons auf, backte zwei Kuchen und legte eine Geburtstags-CD ein, als sie die Wohnung betrat. Sie staunte als sie in die Wohnstube kam, und als sie sich gesetzt hatte, ging ich in die Küche. Dort zündete ich dreiundzwanzig Kerzen auf der Torte an und trug diese singend in die Stube. Ihre Schwester sowie Freund stimmten mit ein. Ich sah Tränen in den Augen meiner Tochter und mir war klar, wie sehr sie dies vermisst haben musste in den letzten Jahren. Ich drückte sie ganz lieb.

Wir verbrachten einen glücklichen Tag.

Gabriele Reichert
Lebensfreude

Spazieren gehen,
die Welt mit den Augen des Kindes sehen.
Aufpassen,
ein Küsschen erhaschen,

Streicheleinheiten nach einem Missgeschick!
„Es ist nicht so schlimm, gleich spürst du wieder Glück."
Dasein in jeder Sekunde.
Schlaf bewachen, auch manche Stunde.
Liebe geben und viel empfangen
Großmama sein – mein schönstes Verlangen.

Martina Müller
Unserem Enkelkind · * 18.12.2009

Du bist fern, von uns ungesehen,
bleibst fremd uns und dir sind es wir;
wir streicheln nur durch Windes Wehen
liebend das Köpfchen von dir.

Die Sonne, die dich wird bescheinen,
trägt unseren Gruß an dich mit;
und weil sie kennt unser Weinen,
bewacht sie dir stumm jeden Schritt.

Gedanken, die frei sind wie Vögel,
sind nahe dir und fern zugleich;
sie setzen für dich künftig Segel
und betten zum Schlafe dich weich.

Auf Flügeln, die Fantasien geben,
sind Teil wir von Lernen und Spiel,
wir nähren dein ganzes Leben
und wenden den Blick dir ins Ziel.

So wachse, gedeihe und werde
ein Mensch, der den andern versteht,
der friedfertig lebt auf der Erde
und unbeirrt seinen Weg geht.

Such täglich ihn immer aufs Neue,
lass nicht zu, dass er wird verstellt
und ahne, wie sehr es uns freue,
dass es dich jetzt gibt auf der Welt.

Vielleicht suchst noch vor unserm Ende
Du selbst uns und findest geschwind,
dann streicheln dich unsere Hände,
nur dich, liebes Enkelkind …

Teil II
Entdeckungsreisen

Uschi Kuhfuß
Vier Jahreszeiten

Die vier Jahreszeiten
wollen uns immer wieder schöne Tage bereiten.

Nun ist der Herbst gekommen
und trotzdem können wir uns im Moment noch sonnen.

Die Natur zeigt uns die prächtigsten aller Farben,
die kann ein Maler kaum so schön malen.

Der Herbst ist wie das Älterwerden,
aber die Natur lässt Blumen und Bäume nur ein bisschen sterben.

Im Frühjahr erwacht vieles wieder neu,
doch bei uns Menschen ist dann manchmal alles schon vorbei.

Edeltraud Stache
Osterglocken

Osterglocken
Beim Kauf waren noch alle geschlossen
Über Nacht
Eine Blütenpracht
Mein Herz du bist erfreut
Über das leuchtend gelbe Kleid
Eine Zierde fein
Läuten den Frühling ein
Interessant die Glockenblüte
Ach du meine Güte
Im Nu
Sind sie alle wieder zu
Ein Weilchen lässt man noch stehen den Strauß
Aber dann – endgültig aus
Wenn sie völlig zusammengeklappt, still

Wandern sie schließlich in den Müll
Hat uns erfreut
Dein Geläut.

Renate Bastian
Sehnsucht

Nun trete ich die Reise an
aufgeregt
verliebt

im Mondlicht
schimmern die Träume
rosarot

Schwäne begleiten
mit frohem Flügelschlag
die Überfahrt

Vorfreude
öffnet mein Herz
und macht den Bauch warm

meine Augen streicheln
die Geschichten vergangener Tage

auskosten jetzt
jede Minute

darf meine Füße setzen
auf die Insel
meine Insel

Hiddensee

Martina Müller
Abend am Bodden

Der Boddenwind kräuselt die Wellen.
Das offene Meer ist nicht weit.
Beim Gehen gibt uns das Gellen
der Möwenschreie Geleit.

Das Schilf rauscht und wispert im Winde.
Verheißungsvoll, golden, das Licht
umspielt Baumes Krone und Rinde.
Das gibt der Natur ihr Gesicht.

Der Bootssteg ragt weit in die Kühle.
Nur Krebs, Fisch und Frosch sind Gesell;
ein Plätschern regt leise Gefühle.
Es blitzt eine Schaumkrone hell.

Der Abendglanz legt sich auf Wiesen,
auf Weiden, das Wasser, die See.
Die Schatten erwachsen zu Riesen.
Sanft gleiten sie über den Klee.

Die Sonne ertrinkt in der Ferne,
das ist ihr alltägliches Los.
Am Himmel erscheinen die Sterne.
Ein Abend am Bodden ist´s bloß.

Ines John
Nordsee

Luft, endlich Luft
endlich frei durchatmen
der Sturm weht durch meine Windjacke
dann ein Sonnenstrahl
Lichtblick
nach langem starken Regen

Weite
Wellen peitschen
an die Steinmauer
dunkle Schatten am Meeresboden

Stunden später ...

Sandkringel
Meeresboden mit Wellenform
Krebse, Muscheln

Kleine blaue Gummistiefel
stapfen durch den Matsch
große rote und gelbe Stiefel
folgen
sammeln Muscheln

Luft, endlich Luft
Zeit zum Durchatmen
endlich Urlaub

September 2010

Ingrid Hollman
Unterwasser

Mit einem großen Schritt geht es ins Meer herein
Zwanzig bis dreißig Meter herunter sollte es diesmal
sein

Ohne Mühe schwebe ich
Die leichte Strömung, sie trägt mich

Die Steilwand ist lang und mit Korallen bedeckt
In Höhlen und Spalten halten sich Muränen und
Krebse versteckt

Die Fische – schön bunt – lassen sich nicht stören
Außer meinen Luftblasen ist kaum etwas zu hören

Das salzige Wasser ist klar, die Sicht ist weit
Aber leider nähert sich schon das Ende meiner
Tauchzeit.

Petra Taubert
Unterwegs zu mir

Oderfluss
schlängelt sich
durch Auenlandschaft
soweit das Auge reicht.

Wenn er wild wird,
hier hat er Platz.
Urwüchsige Bäume
und Büsche am Hang.

Mittendrin
eine Biberburg.
Blumen auf der Wiese
erfreuen Großstadtauge.
Frankfurts Umrisse
unscharf am Herbsthorizont.

Hin und wieder eine Beere,
die vergessen wurde.
Schirmpilze
regen Appetit an
mit der Vorstellung,
sie wie Schnitzel

zu braten.
Hoch oben
am Himmel
schnattern Wildgänse
Auf Wiedersehen
und zeigen uns
Kunststücke
wie Düsenjäger
im Formationsflug.

Stille lädt ein,
zu sich selbst
unterwegs zu sein,
sich eins zu fühlen
mit Gottes Geschenk,
unserer Mutter Erde.

Heidrun Ernst
Ein Tag in meinem Garten der Harmonie

Das Wetter meint es heute besonders gut mit mir. Sogar die Sonne kommt ab und zu hinter den Wolken vor. Und es regnet nicht. Aber ich fühle mich sehr flügellahm.

Meine Energie will einfach nicht kommen, und ich nehme mir nur kleine Aufgaben vor.

Den Vormittag widme ich dem Wasserplatzbehälter in meinem Garten und dem Gras, das dort nicht wachsen soll. Mit einer Harke, einer Hacke und ei-

nem großen Messer rücke ich dem kleinen wild gewachsenen „Urwald" zu Leibe.

Mein großer Unratbehälter ist schnell gefüllt, und mein Ergebnis beglückt mich. Ich kann also noch etwas schaffen, wenn ich nur will, aber oft ermüde ich schon bald dabei.

Nur kleine Schritte kann ich gehen, und manchmal muss ich mich sogar festhalten.

Die Ruhe in meinem Garten genieße ich. Was gibt es Schöneres auf der Welt als ein Feld, das man selbst bestellt?!

Meine Nachbarn geben mir einige Blumenzwiebeln und drei selbstgezogene „Fleißige Lieschen". Ich freue mich schon, wenn alles heranwächst. Von mir erhalten die Nachbarn eine Cannapflanze.

Mittags aber zieht es mich doch in mein Bett, und bis zwei Uhr erliege ich seiner Anziehungskraft.

Danach beende ich nur noch alle angefangenen Arbeiten, verstaue die Gerätschaften ordentlich, wasche mein Geschirr ab, packe alle Sachen zusammen und mache auch mich hübsch.

Ich denke an die dringend notwendigen Malerarbeiten in der Gartenlaube, die noch zu erledigen sind.

Garten- und Malerarbeiten zur gleichen Zeit zu bewältigen, fällt mir so schwer.

Aber halt – immer nur kleinen Mut, dann wird auch alles Kleine gut.

Renate Bastian
Ein Jahr

Der Frühlingstag
der Eine
mit Wehmut
sieht er dich
er sagt dir
ach` du Zarte
vergessen hab` ich dich

Der Sommertag
der Warme
reicht dir
seine Hand
er flüstert
ach` du Kleine
verpass` nur nicht die Chance

Der Herbsttag
der Bunte
nimmt dich
in seinen Arm
er wiegt dich
jede Stunde
du fühlst
und nennst ihn warm

Der Wintertag
der Letzte
er hat

die Zeit gedreht
was bleibt
ach` du Verletzte
ein Jahr
welches von dir geht.

Uschi Kuhfuß
Himmelsleiter

Fröhlich und heiter,
gesund, lustig, freundlich, witzig, mutig
und jeden Tag ein bisschen gescheiter.

Das ist mein Wunsch solang` ich noch weiter
steigen darf auf der Himmelsleiter.

Die Lust auf Singen, Spielen, Tollen und Ausgelassen sein,
die soll mich holen auf der Leiter ein.

Die Stufen erklimm ich nicht mehr so schnell,
die Gedanken, die Sinne, das Licht,
der neue Tag sind aber immer noch hell.

Glück, Freude, Hoffnung, Friede, Freundschaft, Sonnenschein,
sollen auf den nächsten Stufen meine Begleiter sein.

Ein Lachen oder Lächeln, ein Gruß, ein Kuss
Sollen mich stets berühren,
dass ich immer wieder kann das Leben spüren.

Über fünfzig Stufen in meinem Leben habe ich
schon erklommen,
mal sehen, wie viele weitere jetzt noch kommen.

Teil III
Trauriges und Hoffnung

Martina Müller
Zwischen - Menschliches

Ich sitze ganz allein,
das ist mir gar nicht recht.
Allein will ich nicht sein,
denn Einsamkeit ist schlecht.

Ich öffne meine Tür
und lad` Besuch mir ein,
sie kommen bald zu mir,
dann will ich fröhlich sein.

Vorher jedoch rotier
ich und richt` alles her,
geputzt wird das Quartier,
der Einkauf schleppt sich schwer.

Dann bin ich schlag-KO,
die Gäste rücken an.
Ich bin erst wieder froh,
wenn ich allein sein kann.

Sigrid Lindenblatt
**Workshop der Jerichower Schreibrunde in Magde-
burg · Ottersleben vom 03. - 05. September 2010**

Tod
Schwere Tage
Schwarze Erleuchtung naht
Verstrickungen treten zu Tage
Teufelei

Wenn ich zaubern könnte!

Viele Monate sind vergangen.

Die Diagnose lautete Alzheimer Demenz.

Es folgten unzählige Tage, Tage der Machtlosig-
keit. Der Boden unter meinen Füßen schwankte,
und um mich herum wurde es düster. In meinem
Kopf hämmerte es: Wie soll es nun weitergehen?!

Wolf alleine im Vogtland, ich musste ja arbeiten.

Die ganze Woche war ich in Halle. Wie sollte ich mich kümmern?

Er stellte sich zudem auch noch stur und negierte seine Diagnose.

Vorsorglich stellte ich einen Antrag auf Betreuung und informierte einige Nachbarn und auch den Pastor der Gemeinde.

Auch einen Essendienst habe ich organisiert.

Wolf ignorierte seine Krankheit und lehnte eine Betreuung meinerseits kategorisch ab.

Dann kamen seine Geschwister ins Spiel! Sie kamen zu Besuch, um mit mir zu klären, wie sie uns helfen könnten. Sie hatten aber nur eine gewisse Freizeitgestaltung für sich im Sinn. Und so gab es noch eine ausgedehnte Reisetätigkeit im schönen Vogtland!

Auch zettelten sie mit mir einen Streit an. Dieser zielte auf Trennung zwischen ihrem Bruder und mir ab. Sie meinten, dass es genug Wohnungen und auch Pflegeheime in Waren/Müritz, wo die Schwester lebt, gäbe. Zu diesem Zeitpunkt ahnte ich leider noch nichts von den Intrigen, die sie schon gesponnen hatten.

In den darauf folgenden Monaten besuchten sie Wolf stets in der Woche. Sie wussten ja, dass ich ihnen da nicht ins Handwerk pfuschen konnte. So zogen sie Wolf auf ihre Seite.

Der Bruder bekam die Bankvollmacht über sein Konto. Und sie erschlichen sich die Betreuung und forcierten den Verkauf unseres Grundstücks. Dies gelang ihnen auch, weil ich nicht im Grundbuch stand.

Zeitgleich suchte die Schwester ihm eine Wohnung in Waren. Von all dem ahnte ich nichts!

Ich fühlte mich wie vom Blitz getroffen, als mich mein Schwager telefonisch in Kenntnis setzte, dass das Haus verkauft sei und ich meine persönlichen Sachen umgehend abholen sollte. Ich begriff die Welt nicht mehr. Alles war verloren, wofür ich über Jahre gearbeitet und gelebt hatte.

Ich fiel in ein schwarzes Loch. Ich brauchte Monate, um das volle Ausmaß des Geschehens zu begreifen.

Linderung brachte mir eine psychosomatische Kur von sechs Wochen. So verbrachte ich das Weihnachtsfest und den Jahreswechsel 2007/2008 in einer geborgenen Umgebung.

Ich habe meinen Mann nur einmal, und zwar zu unserem sechsten Hochzeitstag besucht. Ansonsten haben wir nur sehr sporadisch miteinander telefoniert. Mich hat das jedes Mal sehr aufgewühlt.

Auf Grund des Fortschreitens seiner Erkrankung wurde auch der telefonische Kontakt immer komplizierter.

Als ich ihn mal wieder anrief, inzwischen waren zwei Jahre vergangen, war mein Schwager am Apparat. Auf meine Frage, was er in Wolfs Wohnung mache, sagte er mir, dass sie für Wolf einen Pflegeheimplatz suchen. Er könne nicht mehr alleine bleiben!

Da zwei Wochen später meine Freistellungsphase begann, was bedeutet, dass ich nie wieder arbeiten muss, fuhr ich Anfang Mai 2009 nach Waren.

Ich hoffte, Wolf noch in seiner Wohnung anzutreffen. Leider kam ich zu spät, er war bereits in einem Pflegeheim.

Als ich ihn im Pflegeheim besuchte, war das für mich sehr deprimierend. Es dauerte auch etwas, bis er mich erkannte. Doch dann freute er sich sehr über meinen Besuch.

Ein Pfleger meinte später zu mir, dass sie ihm ansehen, wie er sich über meine Anwesenheit freut.

Ich hätte ihn gern öfter besucht, aber die große Entfernung ließ es leider nicht zu.

Als ich ihn zu unserem achten Hochzeitstag im Juni 2009 besuchte, sagte er zu mir, dass er gar nicht verstehen kann, warum damals der Umzug so schnell gehen musste und ob ich ihm verzeihen könnte!

Da heulte ich wie ein Schlosshund los, ich konnte mich lange nicht beruhigen. Zudem ich auch noch nie erlebt hatte, dass sich mein Mann jemals bei mir entschuldigt hätte!

Anfang Oktober 2009 ging es mir einige Tage sehr schlecht, ich hatte sehr hohen Blutdruck und war zu nichts in der Lage.

Als ich einige Tage später im Pflegeheim anrief, um mich nach Wolf zu erkundigen, sagte mir eine Pflegerin, dass es ihm nun wieder besser gehe. Auf mein Nachfragen teilte sie mir mit, dass er gestürzt sei, und zur Vorsicht hätten sie ihn ins Krankenhaus gebracht, wo sie ihn in die Röhre geschoben hätten. Aber es wäre alles in Ordnung.

Ich fragte, wann das gewesen wäre. Da erfuhr ich nun, dass es genau an den Tagen war, an denen es mir so schlecht ging. Gibt es wirklich Telepathie oder wie man das nennt?

In den Monaten November und Dezember 2009 ging es Wolf immer schlechter.

Mitte Januar 2010 bekam ich einen Anruf von seiner Schwester. Sie teilte mir mit, dass es Wolf nicht gut gehe, er würde auch keine feste Nahrung zu sich nehmen.

Ich machte mir Gedanken, ob ich ihn noch einmal besuchen sollte, aber es war Januar 2010 und Mecklenburg-Vorpommern war im Schneechaos versunken. Ich hatte keinen Mut, mich bei diesem Wetter auf den Weg zu machen.

Nach einigen Tagen kam die traurige Nachricht von seiner Schwester, dass Wolf eingeschlafen ist.

Es war an einem Sonntag, ein schwarzer Sonntag für mich!

Erstaunlich war für mich aber, wie zugänglich seine Schwester auf einmal mir gegenüber war. Sie sagte mir, was sich Wolf gewünscht habe und was ich noch für Vorstellungen hätte. Bis zur Trauerfeier und Urnenbeisetzung sprach sie alles mit mir ab und versprach auch, mir alle Unterlagen zu übergeben, die ich zur Beantragung der Witwenrente bräuchte. Das Wetter änderte sich nicht wesentlich, und viele meiner Freunde, Bekannten und Verwandten rieten mir ab, zur Urnenbeisetzung zu fahren, zumal sie ja auch wussten, wie mir seit Jahren mitgespielt worden war. Schweren Herzens entschied ich mich, nun auch auf ihren Rat zu hören, und ich sagte bei meiner Schwägerin ab. Von dieser Minute an war sie wieder abweisend zu mir. Nach weiteren zwei Wochen flatterte mir eine Kopie des Testamentes meines Mannes ins Haus. Als ich das nun las, war ich froh, dass ich mich dazu entschieden hatte, nicht zur Trauerfeier und Urnenbeisetzung zu fahren. Denn ich war enterbt!

Erben waren seine Schwester und sein Bruder und sein unehelicher Sohn.

Ja, nun bleibt mir nur ein Rechtsstreit!

Was wünscht man sich in so einer Situation?

Manchmal habe ich mir schon gewünscht eine Maus zu sein oder mich mit einer Tarnkappe unsichtbar zu machen. Dann könnte ich Menschen belauschen und sie an der Umsetzung ihrer bösen Pläne hindern.

Mein Zauber würde alle Menschen dazu veranlassen, gerecht mit ihren Mitmenschen umzugehen.

Ingrid Hollman, September 2009
Bilder im Kopf

Inzwischen ist es schon knapp achtunddreißig Jahre her, dass das alles passiert ist, aber die Geschehnisse sind wie eine Bilderreihe in meinem Kopf abgespeichert.

Es war im Sommer des Jahres 1971. Wir hatten gerade drei Jahre in der Karibik verbracht und zogen u. a. wegen meiner Einschulung wieder zurück in die Niederlande.

Meine Eltern hatten sich entschlossen, meinen Bruder und mich voraus zu den Großeltern zu schicken und selbst erst noch eine Reise durch Amerika zu machen. Ich war in dem vorherigen Sommer schon bei meinen Großeltern zu Besuch gewesen, sie waren also – trotz der Entfernung – keine Fremden für mich. Meine Oma verwöhnte uns ziemlich (Geschenke mit der Post) und war auch nicht so streng wie meine Mutter (so musste ich z. B. bei Oma nichts essen, was mir nicht schmeckte, bei meiner Mutter schon). Ich werde mich also sicherlich auf den Besuch gefreut haben, auch wenn ich mich jetzt nicht mehr an diese Vorfreunde erinnern kann.

Als mein Bruder und ich aber in den Niederlanden ankamen, lief einiges anders als geplant. Meine Oma war inzwischen an Leukämie erkrankt, und die Familie hatte deshalb beschlossen, meinen Bruder, der knapp zwei Jahre jünger ist als ich, gleich anderswo unterzubringen. Da ich schon ein wenig älter war und die Bitte um Ruhe verstehen konnte, ging ich wie geplant zu meinen Großeltern. Mein Opa stand tagsüber im Laden im Erdgeschoss, das Wohnzimmer war im ersten Stock, und die Schlafzimmer befanden sich im zweiten Stock. Schon gleich von Anfang an war vieles anders als in dem vorherigen Sommer. Oma lag den größten Teil vom Tag auf dem Sofa, Opa schälte die Kartoffeln für das Essen und ich erledigte kleine Einkäufe beim Gemüsehändler und dem Schlachter, und den Tisch habe ich, glaube ich, auch gedeckt. Natürlich tat ich dies gern, und beim Händler gab es auch immer eine „Belohnung".

Aber irgendwann schlief Oma nicht mehr im Schlafzimmer, sie schaffte die Treppe nicht mehr. Sie schlief nun auch nachts auf dem Sofa, und später saß sie auch nicht mehr mit uns am Tisch. Immer öfter beantwortete ich das Telefon oder richtete ihre Decke.

Dann kam der Tag, an dem es hieß: deine Oma braucht ganz viel Ruhe, es ist besser, dass wir auch dich irgendwo anders unterbringen, damit es deiner Oma wieder besser wird. Ich war wohl erst eine Woche bei einer Tante von meiner Mutter, daran erinnern kann ich mich aber nicht. Danach kam ich zu meiner Tante. Diese arbeitete zwar, aber sie nahm mich einfach mit zu ihrem Arbeitsplatz, etwas mit Kindern und Jugendlichen, glaube ich, aber meine Erinnerungen daran sind nur vage. Etwas besser erinnere ich mich an ihr Auto, einen kleinen Deux Chevaux, das am Rand der Grachten geparkt wurde.

Mein sechster Geburtstag war auch der Geburtstag meiner Tante. Der Doppelanlass wurde auch gefeiert mit Besuch von Opa und Tante und Onkeln, aber ich erinnere mich an eine sehr bedrückte Stimmung, es war eine Feier ohne wirkliche Freude.

Einige Wochen später entstand dann das letzte Bild zu dieser Reihe in meinem Kopf: Meine so sehr geliebte Oma lag in einem Sarg. Wie konnte das sein? Ich war doch weggegangen, damit sie Ruhe hätte und es ihr wieder besser gehen würde? Und nun lag sie da, so still und bleich, gar nicht wie die Oma, die ich kannte. Hätte ich sie doch bloß nicht im Stich gelassen, vielleicht würde sie dann nicht hier liegen.

Nachtrag:

Den Tod meiner Oma habe ich nie richtig verarbeitet, auch heute kämpfe ich noch damit. Das liegt sicherlich an mehreren Faktoren:

- daran, dass ich noch so jung war, mich aber wohl trotzdem verantwortlich gefühlt habe
- an das Erlebnis, dass ich Erwachsenen nicht alles glauben kann (die hatten ja gesagt, dass es Oma wieder besser gehen würde, wenn ich sie das nächste Mal sehen würde)
- und wohl auch daran, dass ich damals als Kind gar keinen Abschied von meiner aufgebahrten Oma nehmen wollte (wie ich Jahre später, als ich schon längst erwachsen war, von meiner Familie hörte). Dass meine Mutter aber wohl darauf bestanden hatte, weil sie fand, dass ich lernen sollte, dass auch der Tod ein Teil des Lebens ist und dazu gehört.

Ich weiß aber, dass alle Beteiligten in guter Absicht gehandelt haben, dass niemand mir etwas Böses wollte. Ich nehme also keinem anderen etwas übel, was auch?

Ich lebe und kämpfe mit einer kombinierten Persönlichkeitsstörung und Depressionen. Das liegt nicht nur an dem Tod meiner Oma. Ich hatte in dem Sommer auch noch andere kleine Traumata:

- das Verlassen der Karibik bedeutete für mich Abschied nehmen von einer vertrauten Umgebung und den mir bekannten Gesichtern
- ich wurde in der Schule gemobbt, sodass ich meine neue Umgebung als feindlich empfand.

Ich habe inzwischen mehrere Therapien hinter mir. Dank der Erkenntnisse, die ich währenddessen gewonnen habe, kann ich heute mit meiner Problematik besser umgehen. Aber leider wird es wohl nicht möglich sein, alle Schäden, die bei mir entstanden sind, zu reparieren. Z. B. mein Drang zum Perfektionismus heute hat sicherlich etwas zu tun mit dem Gefühl, damals versagt zu haben. Ich weiß zwar jetzt, dass ich damals nicht versagt habe, aber als Kind wusste ich dies sicherlich nicht, und das Gefühl von damals hat mich mein ganzes Leben begleitet und lässt sich auch von neuem Wissen so leicht nicht vertreiben. Dasselbe gilt für das Vertrauen in Andere und mich selbst, meine Unsicherheit vor allem in Beziehungen. Einerseits meinem großen Verlangen nach Liebe und Zugehörigkeit, andererseits gibt es da auch immer etwas (Angst oder Vorsicht?), das mich daran hindert, mich darauf einzulassen.

Haiku, September 2010

Mehr Mut wäre gut.
Fehlt oft in der Begegnung.
Hinterlässt Wehmut.

Annegret Winkel-Schmelz
Unerwartet

Das Telefon klingelt mich aus dem Bett. Schlaftrunken und geistesabwesend greife ich früh halb acht nach dem Hörer: „Mutti, Vati ist im Krankenhaus. Kannst Du kommen?" Sofort bin ich hellwach: „Wo bist Du?", frage ich aufgeregt. „Im Elisabeth - Krankenhaus." „Ich bin schon unterwegs!", rufe ich meinem fünfzehnjährigen Sohn ins Ohr.

Seit sechs Jahren lebt Hannes bei seinem Vater. Um ein böswilliges Tauziehen um unseren Jungen zu vermeiden, fügte ich mich in diese Situation. Ich liebe mein Kind zu sehr. Das wollte ich ihm ersparen.

Ich zittere. Habe ich genug Geld? Taxi rufen. Anziehen. Die Treppenstufen springe ich hastig, mehrere Stufen auf einmal nehmend, hinunter. Rein ins Auto. „Fahren Sie so schnell Sie können!", dränge ich den Fahrer.

Ich eile durch eine große Glastür zur Rezeption der Klinik und frage: „Ich suche den Patienten Michael Klose. Vorhin eingeliefert." Ich atme mühsam. Ohne meine große Aufregung wahrzunehmen, sieht die Frau im Computer nach: „Kein Eintrag.", bekomme ich lapidar zur Antwort. „Das kann nicht sein!" Ich schüttele ungläubig den Kopf. „Wo finde ich die Intensivstation?" „Den Flur geradeaus, dritte Etage." Ich renne und mein Kopf lässt nur einen Gedanken zu: `Leben, bitte leben.`

Oben angekommen, irre ich hilflos durch einen dunklen Gang. Ich sehe an allen Türen nach. Kein Patientenzimmer mit seinem Namen. `Vielleicht geht es ihm doch nicht so schlecht.`, denke ich etwas erleichtert.

Da kommt mir ein Mann im weißen Kittel entgegen. Er trägt ein Namensschild und ist der Oberarzt. Fragend sieht er mich an: „Wen suchen Sie hier?" „Den Patienten Michael Klose. Mein Sohn hat mich angerufen und gesagt, er wäre in der Klinik.", antworte ich schnell. „Wer sind Sie?" „Die Mutter unseres Kindes." „Kommen Sie mit!" Mit großen Schritten folge ich dem vorauseilenden Arzt. Er spricht nicht mit mir. Ich wage nicht, mit ihm zu reden. Wieder Fahrstuhl. Diesmal Keller. Dann bin ich in der Notaufnahme.

Der Oberarzt, weißhaarig, stämmig, älter, geht auf eine Ärztin zu: „Hier ist seine Frau.", und zu mir gewandt: „Geben Sie sich keine Schuld. Er war promovierter Chemiker und wußte, was er getan hat." Ich begreife gar nichts, will sagen, wir sind schon dreizehn Jahre getrennt und waren nie verheiratet, doch ich stehe da wie in Trance. „Wo ist mein Junge?", frage ich. „Er sitzt hier irgendwo." Ich will zu ihm, doch die Assistenzärztin nimmt mich beiseite. Ihre Augen schauen mich tieftraurig an: „Es tut mir leid, Herr Klose ist vor zehn Minuten gestorben. Ihr Sohn weiß es noch nicht. Bitte, kommen Sie, Sie müssen den Mann identifizieren."

Tränen schießen mir in die Augen. In einem halbdunklen Raum ohne Fenster hinter einem Vorhang liegt der Vater meines Kindes halbnackt auf einer Pritsche. Zum ersten Mal in meinem Leben sehe ich einen toten Menschen. Ich bin schockiert. Michael liegt wie schlafend da, grauweiße, längere Haare, die Augen schwarz umrandet tiefliegend in den Höhlen, die Wangen eingefallen, sein Bart ungepflegt. Eingetrocknetes Blut klebt an seinem Mund. Sein Körper ist abgemagert bis auf die Knochen.

„Wir konnten ihm nicht mehr helfen. Er ist innerlich verblutet.", sagt eine Schwester sehr leise zu mir.

Ich verberge mein Gesicht in beiden Händen. „Hier sind seine Sachen. Bitte unterschreiben Sie dafür." Mechanisch folge ich und stehe dann mit dem Beutel wieder draußen.

Ich kann nur heulen. Die Ärztin will mich beruhigen: „Sagen Sie ihrem Sohn noch nichts. Ich komme gleich. Wir sprechen gemeinsam mit ihm. Wissen Sie, wie es dazu kommen konnte? Herr Klose ist in einem extrem schlechten Allgemeinzustand zu uns eingeliefert worden." Ich nicke, stammele verzweifelt: „.... längere Zeit größte Schmerzen...wollten ihn ins Krankenhaus bringen...hat sich nicht behandeln lassen... führte kein Weg rein...alles abgelehnt, immer wieder alles abgelehnt."

Hannes finde ich im Warteraum. Er sitzt ganz hinten zusammengesunken in einer Ecke und fragt mich: „Wo warst Du solange? Warum weinst Du?" Die schwarzhaarige, zierliche Ärztin bringt uns in einen Nebenraum. Hannes soll sich auf die Liege setzen. Die Medizinerin greift sich einen Hocker, sitzt dem Jungen nun gegenüber und spricht mit sanfter Stimme: „Hannes, Du hast alles richtig gemacht, als du den Notarzt angerufen hast. Leider kam für Deinen Vater jede Hilfe zu spät." Und sehr leise fügt sie hinzu: „Er ist gestorben."

Mein Junge sieht mich mit aufgerissenen Augen erschrocken an. Dann schreit er: „Nein!! Nein!!" Er bekommt einen Schrei- und Weinkrampf. Sein ganzer Körper bebt, zittert und schluchzt. Unruhig sagt die Ärztin: „Wir werden den Kinderarzt verständigen." Hannes will keinen Arzt. Die Ärztin telefoniert, und es kommt eine Ordensschwester. Sie hat ein rundes, gutmütiges Gesicht. Ihre Tracht fällt gewellt um ihren massigen Körper. Sie schaut uns besorgt an.

Langsam setzt sich Hannes auf und nimmt das Taschentuch, das ich ihm gebe. Ich halte seine Hände. Ich stehe neben mir und bin der Ordensschwester dankbar, als sie zu Hannes gebeugt sagt: „Dein Vater war sehr, sehr krank. Du konntest ihm nicht helfen. Das konnte keiner. Auch die Ärzte nicht." Ich kann nicht reden. Mein Sohn atmet schwer. Er rutscht von der Liege herunter. Er weint. Immer wieder schüttelt ihn ein Weinkrampf.

„Ich will gehen.", sagt er nach langer Zeit. Die Ordensschwester bringt uns vor die Tür. „Wir brauchen noch den Personalausweis für den Totenschein.", verabschiedet sich die junge Ärztin von mir. „Ich wünsche Ihnen alles Gute. Bleiben Sie stark. Ihr Sohn braucht Sie jetzt sehr."

Die Sonne scheint schon warm um die Mittagszeit an diesem 24. April 2006 und blendet uns. Ich nehme meinen Sohn fest in die Arme und drücke ihn. Er verbirgt sein Gesicht an meiner Schulter. Das Leben um uns herum, die fahrenden Autos, die Menschen auf der Straße, die lärmenden Kinder aus dem Kindergarten, nehmen wir nicht wahr. Alles scheint für uns weit weg.

Langsam, ganz langsam gehen wir schweigend nebeneinander her.

Manuela Stockmann
Tür aus den Angeln

Es geschah im Sommer 2001. Ich wohnte in Rödermark, einem kleinen Ort in der Nähe von Frankfurt
am Main. Ein halbes Jahr lang schon hatte ich Stim-
mungsschwankungen. Mal hatte ich unheimliche
Kraft und mal war ich total schwach. Im Februar hatte ich versucht, mir mit Tabletten und Alkohol das
Leben zu nehmen. Ich war so verzweifelt, weil mein
damaliger Freund Alkoholiker war und mich schlug,
wenn er getrunken hatte. Mir wurde der Magen aus-
gepumpt, und zwei Tage später kam ich wieder nach
Hause. Musste dem Arzt aber versprechen, so etwas
nicht wieder zu tun.

Ab da ging es mit mir bergab. Bis ich dann im
Sommer Stimmen hörte, ihnen gehorchte und mich
von Kameras beobachtet fühlte. Die Stimmen sagten
mir, ich solle mit dem Auto und meiner Tochter auf
die Autobahn fahren. Ich war davon überzeugt, dass
mein Auto ohne Sprit fährt, und ich endlos fahren
kann. Ich fuhr und fuhr und unterhielt mich mit
dem Radio und den inneren Stimmen. Plötzlich blieb
das Auto stehen, nichts ging mehr. Ich ließ es mit
dem Schlüssel im Zündschloss mitten auf der Autobahn stehen und lief mit meiner jüngsten Tochter
los. Da zeigte uns ein Schild: „Zwanzig Kilometer bis
Rödermark". Die Sonne schien heiß vom Himmel,
wir waren schweißgebadet, doch ich wollte keine
Rast machen. Ich war wie getrieben. Ich wollte nach
Hause, mich hinlegen, einfach nur schlafen und aus-

ruhen. Mein Kind flehte mich an: „Bitte, Mutti, ich kann nicht mehr laufen." Da fielen wir erschöpft auf ein kleines Stück Wiese neben der Landstraße. Ich schaute sehnsüchtig jedem Auto nach und fluchte in Gedanken: `Halt doch an, nimm uns doch mit!!` Doch keiner nahm uns mit.

Wir liefen also wieder los. Jetzt waren es nur noch fünf Kilometer. Endlich erreichten wir Rödermark. Ich brach erschöpft eingangs der Ortschaft vor einem Geschäft zusammen. Ich begann, nach meinem Wohnungsschlüssel zu suchen. „Oh Gott, der ist am Autoschlüssel!!" rief ich erschrocken aus. Ich bekam Panik. `Nein, nicht hier sitzen bleiben`, schoss es mir durch den Kopf. `Erst einmal nach Hause`.

Vorm Haus angekommen, klingelte ich bei den Nachbarn, die mir die Haustür öffneten. Ich ging mit meiner Tochter nach oben. Nun standen wir machtlos vor der Wohnungstür. Ich fing an, auf diese einzutreten und brüllte: „Geh auf, du Mistding!!" Jemand im Haus schrie: „Was ist denn da oben los?" Meine Tochter hielt sich die Ohren zu und rannte weinend weg. Ungefähr nach dem zehnten Tritt hatte ich die Tür auf und holte mein Mädchen zurück.

Ich legte mich erschöpft mit ihr im Arm auf die Matratze und klärte sie darüber auf, wie sie sich verhalten sollte, wenn sie jemand sexuell missbrauchen wolle. Das schien mir in diesem Moment von großer Wichtigkeit zu sein.

Irgendwann fiel ich dann in einen kurzen Schlaf. Als ich aufwachte, standen eine Menge Leute vor meinem Lager: Polizei, Notarzt und zwei Frauen vom Jugendamt. Der Notarzt gab mir eine Spritze.

Meiner sechsjährigen Tochter schenkte er eine leere zum Spielen. Eine Frau vom Jugendamt sagte zu mir: „Wir nehmen jetzt ihre Tochter mit." Und zu dem Mädchen gewandt: „Hol` dir ein paar Sachen zum Anziehen aus dem Schrank." Ich war so überrumpelt und irritiert, dass ich meine Tochter ansah und sprach, ohne darauf zu achten, was ich sagte: „Wenn du jetzt gehst, will ich dich nie mehr wieder sehen." Die Frau schaute mich entsetzt an: „Wie gehen Sie eigentlich mit Ihrem kleinen Mädchen um?"

Um meine lebensbedrohliche Erkrankung kümmerte sich niemand weiter und ein paar Minuten später war ich nun ganz allein mit mir.

Ines John
Schulalptraum

Schule! Gymnasium! Ich habe nur noch einen Nachmittag Zeit, um meine Bücher, Hefte und das Hausaufgabenheft vorzubereiten. Ich finde keinen Stundenplan zum Vorschreiben für das neue Schuljahr. Es wird immer später! Schaffe ich es noch rechtzeitig? Angespannt erwache ich aus meinem Traum ...

Ich wechsle 1991 auf das Gymnasium nach Gräfenhainichen in die achte Klasse. Ich bin ehrgeizig und will es allen zeigen, vor allem mir selber. Meine ehemaligen Schüler von der Realschule nennen mich hinter meinem Rücken „was Besseres" und verachten mit somit. Keiner kann mich mehr leiden,

nur meine zwei Freundinnen aus demselben Dorf, welche nun auch das Gymnasium besuchen. Mit einer Freundin sitze ich in Gräfenhainichen auf einer Bank. Wir verstehen uns noch gut. Erst ein Jahr später kommt die andere Freundin auch zu uns und bekanntlich sind drei Mädels eines zu viel. Wie immer trifft es dann mich. Von nun an bin ich Einzelkämpferin.

Die Lehrer sind angespannt, alles ist neu nach der Wende, und ein Schulgesetz für Sachsen-Anhalt gibt es noch nicht, wir orientieren uns an Niedersachsen. Der Lehrplan muss durchgenommen werden und alle machen Stress. Einige schaffen diese hohen Anforderungen nicht und gehen deshalb zurück auf die Realschule. Ich bin im Durchschnitt und bleibe.

Im Mai 1993 lerne ich meine erste große Liebe kennen. Er ist groß, blond, hat blaue Augen und ist ein Jahr älter als ich. Unsere Liebe dauert zwei Wochen und findet die Erfüllung in einem Kuss. Danach falle ich ein halbes Jahr in ein tiefes Loch.

Zu meinem Geburtstag im Juni habe ich in der Geographieklausur völlig versagt. Plötzlich kann ich nicht mehr denken, nur ein Fakt kommt mir ständig ins Gehirn und das, obwohl ich gelernt habe und Geographie mir besonderen Spaß macht. Ich höre alles wie unter einer Decke und sehe alles verschwommen. Als ob ich Wattebäusche in meinen Ohren habe. Ich fühle mich überfordert mit der Schule und meinem Gefühlschaos. Mir ist ständig schlecht, und ich erbreche früh morgens vor der Schule vor Aufregung. Klausuren sind ein Horror für mich. Mir machen nicht mal mehr die Pausen Spaß. Ich habe Probleme mich zu konzentrieren und falle in der zehnten Klasse mit meinen Leistungen ein wenig ab. Erst als im November 1993 eine neue Liebe am Horizont erscheint, kann ich mich wieder fangen und schaffe den Realschulabschluss auf dem Gymnasium. Dieser ist der letzte in unserer Klassenstufe, danach gibt es nur noch Abitur, und wenn man es nicht schafft, hat man dann eben die neunte Klasse.

Nun sitze ich in der Kursstufe elfte Klasse und denke: "Puuh, wie soll ich den ganzen Stoff lernen und dann noch behalten?" Jeder Lehrer sagt: „Mein Fach ist am wichtigsten. Es ist wichtig, mehr zu wissen als der Lehrer selbst, erst dann bekommt ihr fünfzehn Punkte." Wie soll ich das Referat nächste Woche fertig kriegen, wenn ich noch nicht mal die Zeit gefunden habe, es anzufangen? Mir graut es davor, eine Stunde lang über eine Epoche zu erzählen. Ich bin von Natur aus total ruhig. In Englisch wieder null Punkte im Test. Die Lehrer sind jetzt noch strenger als in der neunten und zehnten Klasse. Ich denke mir, das Abitur werde ich aller Wahrscheinlichkeit nach nicht schaffen. Der Zufall oder das Schicksal verhilft mir im Oktober 1994 zu einer Lehrstelle als Kauffrau für Bürokommunikation. Einem Beruf, den ich schon als Kind machen wollte.

Ines John
Manisch-depressiv – Mein Leben im Hoch und Tief

Ich war ein pflegeleichtes Kind. Dann kam die Pubertät. Und meine Gefühle sind explodiert; ich war himmelhochjauchzend – zu Tode betrübt. Alles konnte man sich als Pubertät erklären. Doch als ich meine Lebensgeschichte (ich war zu der Zeit fünfundzwanzig) bei einem Gutachten zur Tagesstätte für seelisch kranke Menschen erzählte, kam heraus, dass es auch manisch-depressiv (bipolar) ist. Mit vierundzwanzig Jahren hatte ich meine erste richtig heftige Psychose, die in einem Klinikaufenthalt in Bernburg behandelt werden musste. Dieser bisher einzige Klinikaufenthalt hat mein Leben stark beeinflusst. Ich muss bis heute mit einer schizoaffektiven Störung mein Leben meistern und bin erst einmal bis 2009 befristete EU-Rentnerin. Ich war einer der schweren Fälle damals, und die Ärzte befürchteten, ich käme nie mehr aus dieser Psychose raus. Doch ich habe Geduld, Ausdauer, Kraft und Hilfe gehabt, mich wieder zu stabilisieren. Nur bin ich sehr traurig darüber, dass die Krankheit erst richtig ausbrechen musste, bis mir geholfen wurde. Zehn Jahre lang hat es für mich gedauert, und es musste erst so schlimm kommen, ehe mir geglaubt und geholfen wurde. Schon mit sechzehn habe ich selbst gemerkt, dass etwas mit mir nicht stimmt.

In der Manie 1996

Ich tanze nach dem eindringlichen Discobeat. Ich lebe. Die Nacht gehört mir. Ich bin mittendrin im Leben. Die Welt ist bunt, schrill und laut. Alles dreht sich nur um mich. Endlich bin ich selbstbewusst und keiner kann mir was. Ich bin seit fünf Uhr gestern wach und in drei Stunden gehe ich noch mal schnell acht Stunden zu meiner Lehre als Bürokauffrau. Ich schaffe alles mit viel Leichtigkeit. Nur mein Körper sagt mir etwas anderes, er will sich ausruhen. Auf diese Zeichen achte ich aber nicht. Schlaf? Brauche ich nicht! Ausruhen? So ein Quatsch! Ich will das Leben spüren. Ich habe kein richtiges Zeitgefühl mehr. Und was richtig und falsch ist, kann ich auch nicht mehr unterscheiden. Ich bin gar nicht mehr ich selbst. Ich weiß nur eines: Ich bin super cool. Auf der Arbeit dann kann ich nach zwei durchtanzten Nächten meine Augen nicht mehr richtig offen halten. Ich kämpfe mit einer bleiernden Müdigkeit und bin froh, als ich dann noch spät am Nachmittag in mein Bett falle. Mein Kopf macht Pläne und hat tausende Ideen, die ich am liebsten gleich umsetzen will.

... und ich kaufe ein. Kaufe alles, was ich so brauchen könnte. Später merke ich: Das meiste ist ja alles nur Schnick-Schnack (Figuren zum Hinstellen, Dinge, die ich eigentlich nicht brauche). Zum Glück mache ich keine Schulden wie manch andere Maniker. Niemand versteht meinen plötzlichen Wandel. Meine Klassenkameraden zeigen mir den Vogel oder schütteln ungläubig den Kopf. So aufgedreht kennen die mich gar nicht. Und ich? Bin endlich jemand anderes, bin selbstbewusst und voller Enthusiasmus. Das hat auch etwas mit meinem neuen Freund zu tun, den ich vor wenigen Wochen kennen gelernt habe. Nur wohnt er weit weg, sodass wir uns nur am Wochenende sehen können. Ihn habe ich 1996 auf einem Bundesjugendtreffen in Bayern kennen gelernt. Dort hat die Manie angefangen. Ich habe drei Tage und Nächte durchgefeiert. Nur hat es da keinen gestört, weil alle das gemacht haben. Aber wieder zu Hause, kann ich gar nicht mehr aufhören. Ich habe mir meine Haare blond gefärbt. Ich kann alles, will alles sofort. Am liebsten ausziehen von zu Hause und zu meinem Freund. Doch das geht leider nicht, weil ich hier meine Lehre habe und noch nicht genug Geld. Eigentlich macht mir mein aufgedrehter Zustand auch ziemlich Angst. Ich weiß echt nicht, was mit mir los ist. Ich renne zu vielen Allgemeinärzten, um mich untersuchen zu lassen. Doch die stellen nur fest, dass mit mir körperlich alles in Ordnung ist. Ich rauche nun manchmal Zigaretten, obwohl ich Rauchen sonst absolut nicht mag, und es in unserer Familie nur Nichtraucher gibt. Um meine wirren Gedanken zu kontrollieren, greife ich zum Alkohol. Normal trinke ich sehr wenig. Ich kaufe mir einen Trabbi und fahre ziellos in der Gegend rum. Ich weiß nicht, wo ich hin will. In der Abschlusszeitung der Lehre wurde meine bipolare Krankheit treffend beschrieben, obwohl damals noch niemand etwas davon ahnte:

Von der stillen, grauen Maus – zum bösen Teufel – und zurück.

Zwischenzeit 1998

Ich bin zwar nicht so glücklich, weil mein Freund immer noch einhundertfünfzig Kilometer weit entfernt wohnt, aber ich halte es aus. Ich habe richtige Arbeit als Bürokauffrau gefunden. Knapp zwei Jahre habe ich durch acht bis zehn Stunden Büroalltag einen geregelten Tagesablauf, kann mir mein selbstverdientes Geld sparen, da ich noch bei den Eltern lebe. Ich werde geschätzt und mein Gefühl ist es, gebraucht zu werden. Ich fühle mich wertvoll und als richtiges Mitglied in der Gesellschaft.

In der Depression 2000

Ich liege im Bett und möchte nicht aufstehen. Einfach weiter in meinen verwirrenden, aber sicheren Träumen weiterleben. In meinem Traum sage ich meine Meinung, bin stark und erfolgreich. Ich schreie und tobe und lass meine Wut raus.

Ich liege im Bett. Es ist um zehn Uhr. Ich bin seit zwei Jahren arbeitslos. Warum sollte ich auch aufstehen? Mich braucht doch eh' keiner! Ich fühle mich „draußen" und wertlos. War meine ganze Lehre, die ganzen Qualifizierungsmaßnahmen umsonst? Wo auch anfangen? Wie? Ich schaffe es einfach nicht mehr ...

Die Liebe zu meinem Freund ist schon lange zerbrochen. Elf Uhr quäle ich mich langsam hoch. Ich gehe ins Bad und danach zu unserem PC im Wohnzimmer meiner Eltern. Klick. Klick. Und schon bin ich drin im Internet und sehe, wie mich alle im Chat begrüßen. Ich sitze den ganzen Tag am PC und chatte mit fremden Leuten in ganz Deutschland. Da kann ich meine Sorgen und Ängste vergessen. Trotzdem denke ich: wo die anderen wohl am PC sitzen? Im Büro auf der Arbeit? Noch wohne ich bei meinen Eltern, und die finden es gar nicht toll, dass sich ihre einzige Tochter so gehen lässt und sich nicht mehr um Arbeit kümmert. Und auch sonst um nichts. Was soll ich auch tun? Jede Bewerbung als Bürokauffrau schreibe ich umsonst. Jede einzelne Bewerbung trägt Hoffnung in mir, aus dem Teufelskreis raus zu kommen, die dann doch zerbricht. Jede Absage ist eine Enttäuschung. Ich sehe deshalb keinen Sinn mehr. Auf dem Arbeitsamt wollen sie mich allein in den Westen schicken. Das ist für mich völlig unmöglich. Ich breche vor der Sachbearbeiterin in Tränen aus, und sie schreibt das erste Mal etwas von psychischen Problemen in ihren Computer. Natürlich bekommt das meine Mutter auch wieder raus. Mir wird alles immer peinlicher. Ich bin ja schon mit den Tätigkeiten im Haushalt völlig überfordert. Alles ist eine riesige Überwindung für mich und so schaffe ich es an manchen Tagen gerade mal, den Abwasch wegzuräumen. Es fällt mir sogar schwer, mein Zimmer aufzuräumen, obwohl ich ja den ganzen Tag Zeit dafür hätte. Ich weine sehr viel. Ich bin zutiefst verzweifelt. Sehe für mich keine Zukunft mehr. Mir ist langweilig, und ich fühle mich wertlos.

Ob sich alle Probleme auflösen, wenn ich mich umbringe? Ich schlucke Tabletten, würge sie aber gleich wieder heraus. Hänge ich doch an meinem Leben? Meine Eltern wissen auch nicht mehr, wie sie mir helfen sollen. Langsam geht es ihnen auf die Nerven, wenn sie abends vom Büro nach Hause kommen und mich schon wieder oder immer noch am PC sitzen sehen. Meine Mutter will mich am liebsten schütteln, damit ich wieder zur Vernunft komme. Ich werde als faul bezeichnet und ein „Reiß dich mal zusammen!" stürzt mich eher noch tiefer in den Abgrund, als es mir hilft. In meinem Inneren bin ich gefangen. Soziale Kontakte sind alle völlig abgebrochen. Ich habe mich in meine Welt zurückgezogen, und jeden Tag wird meine Qual schlimmer. Ich entwickle panische Angst vor Menschen und habe nur noch pessimistische Gedanken. Wie soll es mit mir nur weitergehen? Ich werde doch mein Leben nie bestehen.

Heute:

Ich lernte „Geduld" zu haben.

Das Prinzip der kleinen Schritte hat mich dahin gebracht, wo ich heute schon bin. Mein Leben musste bei „Null" anfangen. Mir wurde durch einen gerichtlich bestellten Betreuer meine Wohnung und mein Auto weggenommen. Die EU-Rente ist mir heute ein Sicherheitsschein, um gesund zu bleiben. Stress muss ich meiden. Nach anderthalb Jahren Wohnheim in der Röpziger Straße durfte ich mir meine eigene Wohnung suchen. Die Betreuung wurde aufgehoben und ich ging noch knapp zwei Jahre in die Tagesstätte im Falladaweg. Seit Januar 2006 plane ich immer die nächsten Wochen. Ich setze mir meist einen Termin am Tag, um die Wohnung zu verlassen und unter Menschen zu gehen: Selbsthilfegruppen, Sport, Arzt, Treff mit einer Bekannten oder eine der Projektgruppen vom Sozialpsychiatrischen Dienst, Besuche bei den Eltern und Unternehmungen mit meinem Freund. Mein Freund wohnt nun auch schon länger bei mir. Ich genieße meine freie Zeit und weiß Eines: Ich werde mein Leben bestehen, habe ich doch schon vieles durchgemacht.

Ines John
Alles verändert

dreißig Stunden Wehen
fix und alle
wie noch nie im Leben
aufgewühlt
will schlafen –
kann nicht
war wach die ganze Nacht –
fühl mich schwer

hat angefangen
was ich so sehr will
möchte dich lieben –
kann nicht
zu erschöpft?
versuch dich zu hassen –
geht nicht
soll das alles
gewesen sein?

war so lange allein
dann kamst du
es hat endlich angefangen
was ich so sehr will

endlich schlafen
nach sechs Wochen
Chaos pur
und viel Geschrei

nach zehn Wochen
hat jetzt angefangen
was ich mir so sehr gewünscht

Liebe
Leben
Spaß
Entwicklung
immer Schritt um Schritt

ein bisschen Normalität
tut mir gut

Juni 2008

Uschi Kuhfuß
Hoffnung

Jeder Tag sollte ein bisschen heiter sein,
damit wir uns des Lebens freu`n.

Die Lebensfreude ist sehr wichtig,
sonst fühlt man sich stets klein und nichtig.

Erhebe deinen Kopf – gelacht,
du hast im Leben schon viele glücklich gemacht.

Man hat dich oftmals stark getroffen,
dein Rückgrat ist noch nicht gebrochen.

Du denkst es trifft nur dich so schwer:
Dabei haben viele schon kein Rückgrat mehr.

Gabriele Reichert
Gefunden?

Solange ich denken kann, bin ich auf der Suche nach
mir. Nach dem, was mich ausmacht, was in mir
steckt, was ich erreicht habe und wohin ich will.

Einige Süchte halfen mir, von mir abzulenken
und vor mir selbst wegzulaufen. Entweder war es
das Glas mehr, das sein musste, um sich nur noch
verzerrt wahrzunehmen, später das Essen, welches
mir Befriedigung verschaffte, auch von Sex konnte
ich eine Zeit lang nicht genug bekommen.

Aber am schlimmsten fand ich mich, wenn andere klein gemacht werden mussten, um selbst größer, besser und toller zu erscheinen.

Von klein auf bin ich durch schwerste Depressionen meines Vaters, bis hin zu Suizidversuchen, zur kritischen Analyse und Wahrnehmung von Lebensereignissen und -umständen gezwungen worden.

Nach und nach bin ich mir auf die Schliche gekommen - nicht zuletzt durch die Auseinandersetzung mit Menschen, denen Ähnliches widerfahren war wie mir.

Ich saß in meinem Haus von Spiegelglas umgeben, es war oft schmerzlich, was ich da sah, aber allmählich veränderten sich die Bilder.

Ich schaute in lächelnde, aufgeschlossene Gesichter, die mir zu sagen schienen: „Ich mag Dich."

Gefunden

- in endlos langen Gesprächen
- im Hören von ergreifender Musik
- in temperamentvoll, spritzigen Bewegungen
- im Träumen und Verweilen
- im Lachen, Singen, Tanzen
- im Spiel, vor allem mit Kindern
- im Lesen und Schreiben
- in der Bewunderung der Natur
- letztendlich in allem, was das Leben für mich lebenswert macht

Bin ich bei mir angekommen?
Habe ich mich gefunden?

Herrn Pawels (Halle) letzter Satz nach meiner Gruppentherapie 1999 klingt mir jetzt, zehn Jahre später, noch deutlich im Ohr: „Ich wünsche Ihnen, dass Sie Ihre Heimat finden."

Valborg Ritter
Der Regenbogen

Ach – Regenbogen – du –
unwirklich und bezaubernd schön –
nach Sonne mit Regen
ganz selten zu sehn.

Obwohl kein Mensch
je dafür bezahlt –
wurde der Bogen, so lieblich,
in den Himmel gemalt.

Für die herrlichen Farben
im halbrunden Kreis –
bekämst du sicher
von uns den ersten Preis.

Geschaffen zum Erfreuen
und fröhlich sein –
beglückst du ganz viele,
ob groß oder winzig klein.

Bist kaum am Himmel,
dann verschwunden –
ach – Regenbogen – du
spüren schmerzhaft wir die alten Wunden.

Erhobenen Hauptes jedoch
sollten wir weitergehn –
in uns tragend die Hoffnung,
irgendwann, auf ein Wiedersehn.

Teil IV
Zur Menschlichkeit

Annette Pichler
Der Eckstein

Kürzlich war ich mit meinem Mann für ein paar
Tage in Dresden. Da das Wetter noch nicht zu ausge-
dehnten Spaziergängen oder Wanderungen einlud,
haben wir uns hauptsächlich die kulturellen Schätze
der Stadt angesehen. Wir waren in der Galerie Alter
Meister, deren Werke uns immer wieder beeindru-
cken. Auch eine Führung in der Semperoper haben
wir uns nicht entgehen lassen. Doch am meisten
interessierte uns, die wiedererbaute Frauenkirche
von innen zu sehen. Die äußere Fassade hatten wir

bereits bei einem Kurzbesuch der Stadt wenige Monate vor der feierlichen Wiedereröffnung der Kirche gesehen. Nun hatten wir endlich die Möglichkeit, das Gesamtwerk zu bewundern. Wir hatten gelesen, dass jeden Tag um zwölf Uhr eine Mittagsandacht mit Orgelmusik und anschließender Kirchenführung stattfindet. Eigentlich wollte ich nur zur Andacht, um mehr über die Geschichte und den Wiederaufbau der Kirche zu erfahren und mich von der allseits gepriesenen guten Akustik des Innenraums zu überzeugen. Doch dann hat mich auch die Predigt des Pfarrers in ihren Bann gezogen. Er erzählte eine Geschichte, die mich irgendwie an mein eigenes Schicksal erinnerte. Es war die Geschichte vom Eckstein, der beim Wiederaufbau von den Bauarbeitern immer wieder beiseite geworfen wurde, weil er nach ihrer Ansicht unbrauchbar war. Doch als die Kirche im Rohbau fast fertig war, fehlte noch ein Eckstein, der der gesamten Dachkonstruktion Halt geben sollte. Man suchte lange nach einem passenden Stein, der diese Aufgabe erfüllen konnte. Plötzlich erinnerte sich jemand an diesen hässlichen, alten Stein, den niemand verbauen wollte und der noch irgendwo herumliegen musste. Schnell wurde er herbeigeschafft und in die betreffende Stelle eingepasst. Und siehe da, es war genau der Stein, der an dieser entscheidenden Stelle gebraucht wurde. So wurde dieser von allen als überflüssig und nutzlos verworfene Stein zum alles tragenden Eckstein. Der Pfarrer gab den Zuhörern zu bedenken, dass es auch Menschen gibt, denen es ähnlich wie dem Eckstein ergeht. Weil sie nicht ganz den von der Gesellschaft erwarteten Normen entsprächen, würden sie ins Abseits gestellt. Sie hätten mit Vorurteilen zu kämpfen und keiner traue ihnen etwas zu. Gerade diesen Menschen sollte man Beachtung schenken und ihnen Verantwortung übertragen. Oft schlummern in ihnen ungeahnte Fähigkeiten, die ungenutzt verkümmern.

Valborg Ritter
Die Briefwaage

Es gibt Gegenstände, bei deren Anblick sofort Erinnerungen aufkommen. In meinem Besitz war viele Jahre eine altmodische Briefwaage, die uns in den Kriegsjahren und Nachkriegsjahren wertvolle Dienste leistete. Inzwischen steht sie bei meiner Tochter, die gern alte Sachen sammelt.

Im Krieg, noch in Schlesien 1939 bis 1945, wurde die Versorgung immer schlechter. Wir drei Schwestern waren in der Pubertät und immer hungrig. Meine Eltern hatten von guten Bekannten einen sechzehnjährigen Sohn aufgenommen, der schwierig war und sich bei uns bessern sollte. Der Knabe hatte genauso viel Hunger wie wir und achtete sehr darauf, nicht zu kurz zu kommen. Meine Mutter hatte da die geniale Idee mit der Briefwaage. Bei jeder Mahlzeit, Frühstück und Abendbrot, stand sie mit auf dem Tisch. Wurst, Margarine, Käse, Brot etc. wurden für jeden genau abgewogen. Der Vater, als Ernährer, bekam etwas mehr. Es war früher üblich, das größte Stück Fleisch stand dem Mann zu. Aber wann gab es zu dieser Zeit noch Fleisch? Zehn Gramm Wurst, ein bis zwei Scheiben Brot, fünf Gramm Fett bei jeder Mahlzeit, daran kann ich mich noch erinnern. Meine Mutter und unser Personal haben sich unendliche Mühe gegeben, uns einigermaßen satt zu bekommen. Paniertes Kuheuter, Kuttelflecke, gelbe Rübensuppe, Saubohnen, Lungenhaschee sind in meiner Erinnerung geblieben. Es gab eine Aufstrichpaste für das Volk zu kaufen, Vitamin R, die schmeckte nach Maggi. Aus Hefe und Sirup haben wir einen Brotaufstrich hergestellt. Butter wurde mit Wasser verknetet, sie hieß danach Streckbutter.

Auf der Flucht hat meine Mutter die Waage mitgenommen, sie ahnte schon, dass es nicht so schnell wieder mehr zu essen geben würde. Wie Recht sie hatte! Wir (sieben Personen) lebten nach der Flucht in einem Zimmer mit drei Betten! So kam ich notgedrungen einige Zeit später bei dem Direktor der Zuckerfabrik in Wegeleben unter. Als Dienstmädchen musste ich arbeiten, das war für mich zuerst sehr schwer. Hatten wir zu Hause doch eine Hausdame und ein Dienstmädchen beschäftigt. Dort bekam ich pro Woche ein Brot, das ich mir mit Strichen pro Tag einteilen musste. Mittag gab es meist Suppe, die gut geschmeckt hat und manchmal bekam ich sogar Nachschlag. Satt wurde ich nie. Den größten Hunger lernte ich kennen, als wir drei Schwestern in das Internat der Franckeschen Stiftungen kamen. Jeden Tag im Wechsel gab es Suppe aus grünen Tomaten, Sauerkohlsuppe oder Saubohnen. Dazu ein Stückchen knochenhartes Brot, Pellkartoffeln, wenn es die mal gab, waren sie erfroren. Wir haben sie immer

mit Schale gegessen, um satt zu werden. Im Internat auf unserem Zimmer hatten wir einen kleinen Kocher und haben uns dort manchmal etwas selbst gekocht. Da wir kein Fett hatten, haben wir die Pfanne mit Kerzenwachs ausgestrichen. Mehl, Wasser und Salz wurden verknetet und darin gebraten. Auch geklaute Kartoffelschalen von Schülern, die sie nicht mitgegessen hatten, haben wir in dem Kerzenwachs gebraten. In der Schule gab es täglich ein Roggenbrötchen für jeden Schüler. Die dollsten Tauschgeschäfte wurden damit gemacht. Zum Schluss meiner Geschichte will ich noch berichten, meine Großeltern väterlicherseits (auch Flüchtlinge aus Breslau) hatten in Berlin ihre letzte Habe für ein Brot eingetauscht. Es waren ihre Eheringe! Kurze Zeit später starb mein Großvater, er war verhungert.

Teil V
Gegen das Alleinsein

Marion Köllner
Haiku

Du und ich – nicht nah.
Kennen der Äußerlichkeit
Der Weg zum Abschied.

Manuela Stockmann
Akrostichon FLÜSTERSTUNDE

F insternis   Nacht

L iegen   Entspannung pur

Ü bermüdung   der Tag war zu anstrengend

S onne   geht abends unter

T räumen   sollte ich können

E rlebtes   verarbeiten

R uhezustand   nichts tun

S chlafen   muss jeder Mensch

T ag   bringt Neues mit sich

U hrzeit   jeder richtet sich nach ihr

N ähe   will ich spüren

D ämmerung   der Abend bricht an

E rholung   neue Kräfte tanken für den kommenden Tag

Gabriele Reichert
Akrostichon LIEBE

L ust und Schmerz, nicht Frust und Gram,
   Begierden dann ganz ohne Scham.

I ch freue mich auf jeden Tag
   ganz gleich, was er uns bringen mag.

E in Blick nach vorn, auch mal zurück
   bestärken unser Lebensglück.

B in gern bei dir in deinem Arm
   von innen und von außen warm.

E in nettes Wort, ein sanfter Blick
   ist doch das höchste Lebensglück.

Edeltraud Stache
Auf dem Balkon

Ich sitze hier und warte
Auf eine Ansichtskarte
Vielleicht sogar vom Balaton
So sieht`s nicht aus auf meinem Balkon
Die Wände sind bloß weiß gekalkt
Vom vorigen Jahr, jetzt etwas alt
Keine Welle hierher klingt
Ein Rasenmäher unten singt

Die Straßenbahnen rauschen
Da brauch ich nicht zu tauschen
Wie Rapunzel leb ich hoch im Turm
Und ahne unten Blatt und Wurm
Das Vogelzwitschern wird nie stören
Für mich und andere zu hören
Da nützt auch keine Polizei
Das Zwitschern, es ist vogelfrei
So kommt zu mir ein Stück Natur
Ich atme sie und hab sie pur

geschrieben, um der inneren Einsamkeit und Leere
zu entrinnen

Manuela Stockmann
Hoffnung

Hoffnung ist, was ich erwarte,
in mein neues Leben starte.
Lass das alte hinter mir,
konnte ich doch nicht`s dafür.

Hoffnung ist, was ich draus mache
Und mit guten Freunden lache.
Vergesse meine Sorgen,
denke nur an morgen.

Hoffnung hab` ich lebenslang,
sie ist ewiger Begleiter.
Doch jetzt ist mir nicht mehr bang,
steig immer höher, immer weiter.

Annette Pichler
Ein Glücksmoment

Während meiner Schulzeit war eines meiner Hob-
bys das Schreiben von Briefen. Zunächst schrieb ich
meinen deutschen Verwandten und Freunden. Als
in der Schule der Fremdsprachenunterricht begann,
bemühte ich mich auch um ausländische Brieffreundschaften. Die erste Adresse einer Schülerin in
Weißrussland erhielt ich im Alter von elf Jahren von
meiner Russischlehrerin. Später brachte mir meine
Freundin von einer Reise nach Minsk noch die Adresse einer weiteren Brieffreundin mit. Mit beiden
Mädchen stand ich bis zum Ende der Schulzeit in
regem Briefwechsel. Leider habe ich sie nie persön-
lich kennen gelernt. Als ich in der Schule begann
die englische Sprache zu lernen, wollte ich natürlich
auch diese in der Praxis anwenden. Doch Adressen
von englischen Muttersprachlern waren in der DDR
nicht so leicht zu bekommen. Brieffreundschaften
mit westlichen Ausländern waren damals vom Staat
nicht erwünscht. Doch eines Tages brachte mir meine Tante aus Frankfurt am Main eine Zeitungsanzei-
ge mit, in der eine siebzehnjährige Engländerin aus

London Briefwechsel mit deutschen Jugendlichen im ähnlichen Alter suchte. Ich war damals fünfzehn und schrieb ihr sofort einen Brief, in dem ich mich auf Englisch vorstellte. Ich brauchte nicht lange zu warten bis ihre Antwort eintraf. Sie schrieb mir in deutscher Sprache, die sie in der Schule lernte. So gingen achtzehn Jahre lang Briefe zwischen Mary und mir hin und her. Wir schickten uns Ansichtskarten und Fotos, zu Weihnachten auch mal kleine Geschenke. Aus der Ferne lernten wir uns immer besser kennen. Für mich war sie schon wie eine gute Freundin, obwohl wir uns noch nie gesehen hatten. Ich dachte, das würde immer so weiter gehen, bis ich sie vielleicht im Rentenalter einmal besuchen könnte.

Doch dann kam das Jahr 1989. Plötzlich konnten wir reisen wohin wir wollten. Zuerst haben mein Mann und ich natürlich alle bis dahin unerreichbaren Verwandten besucht.

Dann überlegte ich, wie ich bald einmal in das Land kommen könnte, dessen Sprache ich studiert hatte. Ich hatte gerade begonnen, an der Universität als Gasthörer einige Lehrveranstaltungen für Übersetzer und Dolmetscher in Englisch zu besuchen, um einen Abschluss in diesem Beruf zu erlangen. Da las ich in der Universität einen Aushang über eine Sprachreise nach Bradford in Nordengland. Ich meldete mich also für einen vierwöchigen Kurs an. Ehe ich losfuhr, schrieb ich meiner Freundin in London, dass ich nach England komme und mich freuen würde, wenn wir uns während dieser Zeit einmal treffen könnten. In Bradford war ich bei einer englischen

Familie untergebracht, damit ich die Sprache auch außerhalb des Unterrichts trainieren konnte. Von dort rief ich Mary an und verabredete mich mit ihr für das folgende Wochenende in London. Sie wollte mich dort vom Busbahnhof abholen. Während der Reise war ich schon ziemlich aufgeregt. Würde sie an der Haltestelle sein, wenn ich ankomme? Und würden wir uns überhaupt erkennen?

Als ich dann ausgestiegen war, sah ich mich erst einen Moment um, doch schon bald kam eine junge Frau auf mich zu und fragte: „Are you Annette?" Da wusste ich: Das ist Mary. Das Gefühl war unbeschreiblich. Mein Wunsch, der so lange unerfüllbar schien, war endlich in Erfüllung gegangen.

Wir stiegen in ihr Auto und fuhren bis zu dem Reihenhaus im Norden von London, wo sie wohnte. Ich begrüßte auch ihre Eltern, die im Nachbarhaus wohnten. Sie luden mich zum Essen ein und waren sehr interessiert, etwas über mein Leben in einem sozialistischen Land zu erfahren. Mary und ich verbrachten drei wunderschöne Tage miteinander. Sie zeigte mir ihre Heimatstadt, und abends erzählten wir noch lange. Wir stellten fest, dass wir bei vielen Dingen einen ähnlichen Geschmack und viele gemeinsame Interessen hatten.

Nach meiner Heimkehr nach Deutschland schrieb ich ihr einen langen Brief und lud sie zu uns nach Halle ein. Ein Jahr später konnten mein Mann und ich sie dann bei uns begrüßen. Da sie mit dem Flugzeug in Berlin-Tegel ankam, habe ich ihr zuerst Berlin und meine Heimatstadt Potsdam gezeigt, wo sie auch meine Eltern kennen lernte. Natürlich schreiben wir uns heute immer noch regelmäßig, seit kurzem auch per e-Mail. Vor einem Jahr im September haben mein Mann und ich sie in Brüssel besucht, wo sie seit mehr als fünfzehn Jahren wohnt.

Uschi Kuhfuß
Glück für mich und andere

Glück ist, wenn man nicht vergisst, dass Glück auch für andere wichtig ist.

Glück ist auch auf Kranke zu sehen, ohne immer gleich wegzugehen.

Glück ist, wenn die Sonne scheint.

Glück kann auch sein, wenn der Himmel weint.

Glück ist, wenn man fröhlich ist und dabei nicht den Rest um sich vergisst.

Glück ist, nicht allein zu sein.

Glück für mich ist, etwas zu geben, manchmal nur ein Stündchen Leben.

Martina Müller
Unseren Freunden

Der Sonntag war ein Sonnentag,
mit Freunden ging`s hinaus;
dorthin, wo gute Laune lag,
das Nest, wir hoben`s aus.

Mit Vorsicht trugen wir es heim
und setzten mit Bedacht,
ein jeder, einen Freudenkeim
in uns noch vor der Nacht.

Damit er einwuchs, lachten wir
ihn täglich mehrmals an,
das ist sein Lebenselixier,
woraus er schöpfen kann.

Er wuchs und rankte sich ins Licht,
zog uns mit sich empor.
Ein Kümmernis erreicht uns nicht,
die Freude steht davor.

Kein Trübsinn hat in diesem Jahr
bei uns noch eine Chance,
es hält uns Freude, sonnenklar,
in richtiger Balance.

Den Weg und diesen leichten Schritt,
ihn trag ich durch die Zeit
und komme gern mit Freunden mit,
geb` Freundschaft und Geleit.

Annegret Winkel-Schmelz
Dritte Liebe

Oktober 1996

Am Tag der Operation ruft L. ganz zeitig früh an:
„Ich sorge mich um dich. Wie geht es dir?" „Um sieben muss ich nüchtern in der Tagesklinik sein." Ich
antworte müde: „Mir fehlt mein Kaffee."

In der Straßenbahn sehe ich auffallend viele Mütter mit Kindern. `Es ist Unsinn`, denke ich, und in
Gedanken zitiere ich das Gedicht von Erich Fried:
„... sagt die Vernunft. Es ist was es ist sagt die Liebe.` Ich sehe gedankenverloren aus dem Fenster der
Bahn. Das Gedicht geht mir nicht aus dem Sinn: „Es
ist Unglück sagt die Berechnung. Es ist nichts als
Schmerz sagt die Angst. Es ist aussichtslos sagt die
Einsicht. Es ist was es ist sagt die Liebe." Die dritte
Strophe fällt mir jetzt nicht ein.

Aufnahme. Ich ziehe mein Nachthemd an, werde
dann in den Vorbereitungsraum verlegt. Hinter spanischen Wänden liegen noch drei Frauen. Ich fülle
Aufklärungsbögen aus. Dann versetzt mich die Anästhesistin in Narkose.

Wie lange ich geschlafen habe, zeigt mir die Uhr an der Wand. Es ist viertel elf. Ich spüre kaum Schmerzen. Ich döse, habe Probleme mit dem Wachwerden. Alles dreht sich. Ich schließe meine Augen. Ich öffne sie. So geht das scheinbar unendlich.

„Stehen sie auf und gehen sie zur Toilette!" Eine Schwester hilft mir beim Aufstehen. „Versuchen sie sich anzuziehen." Keine Koordination. Slip, BH, T-Shirt, Hose. Es dauert.

Mein Taxi wartet. Für eine Woche bin ich krank geschrieben.

Mein Frauenarzt kommt am Abend in meine Wohnung. Der Kontrollbesuch muss sein. Ich schäme mich, weil Rauchen für heute eigentlich verboten ist.

Damals sagte der Doktor zu mir: „Überlegen sie sich das". Ein Jahr habe ich nachgedacht. Niemand beriet mich. Ich treffe diese Entscheidung mutterseelenallein. Meine Therapeutin lehnt das Thema ab. Jetzt ist es aus, vorbei. Das erste Mal in meinem Leben gebe ich endgültig auf, verliere meine Hoffnung. Ich bin zweiunddreißig Jahre alt. Ein drittes Kind schaffe ich nicht mehr allein. Ein Bleigürtel legt sich um meine Brust. Ich bin innerlich wie versteinert. Doch jetzt habe ich keine Sorgen mehr: kein Pillenunfall, kein geplatztes Kondom – keine Schwangerschaft, keine Abtreibung.
November 1996

„Du bist in der Stadt?" Meine Frage klingt freudig, aufgeregt. „Ich finde dich." Das ist seine vertraute Stimme. Ich war L. im September 1989 begegnet.

Wir haben uns einen Augenblick zu lang angesehen. Manchmal kamen ein Brief oder eine Karte von ihm. Er ist verheiratet, hat Kinder. Ich bin auch gebunden. Die heimliche Hoffnung, wir sehen uns wieder, verließ mich dennoch nicht.

Was wäre, wenn?

L., mittelgroß, schlank, Mitte fünfzig, mit graubraunem Haar und neugierigen Augen wird vor meiner Tür stehen!!

Wir fallen uns in die Arme. Ein langer Kuss. „Lass dich ansehen!"

Ich pfeife auf Platon. Ich will diesen Mann.

Und es ist schön! Ich liege in seinem Arm. Er streichelt meine langen, blonden Haare, küsst meinen Bauch, meine Brüste, meine Schenkel, Arme. Dann zieht er mein Gesicht ganz dicht an das Seine heran. Seine Wimpern berühren meine Augen. Mein schlanker Körper bäumt sich auf, drückt sich an ihn.

„Ich streichele dich die ganze Zeit." Seine sanfte, ruhige Stimme höre ich wie von weitem. „Merkst du das?" Ich bin, eng angeschmiegt, eingeschlafen.

L. zieht sich an. Er muss los. Ich klappe in der Stube mein Sofa ein, räume den Couchtisch an seinen Platz. Wir trinken den Rotwein aus. Dann fragt mich L., schon fast im Gehen:

„Warum hast du das gemacht?" L. sieht mich an. Ich senke meinen Kopf, sage leise: „Ich wäre wieder schwanger geworden. Ich fühle das." Ich sehe L. ins Gesicht und gebe ihm einen Kuss. „Das Kind hätten wir nicht mehr großziehen können." Er sagt das so bestimmt. Ich will in diesem Moment nicht über meine Medikamente und ein möglicherweise behindertes Kind reden. Stattdessen sage ich liebevoll lächelnd: „Von dir hätte ich gern ein Kind gehabt." L. zuckt mit den Schultern: „Ich kann nur Mädchen." `Ach L! Weißt du, was du sagst.`, denke ich und seufze. `Und ich kriege nur Jungs.`, füge ich in Gedanken hinzu.

Nur Stunden sind es, immer wieder Stunden. Dann verliebte, erschlichene Tage, Nächte: in Chemnitz, Weimar und Halle. Anrufe aus seinem Hotel: „Ich fühle mich allein ohne dich."

Ich wünsche mir: „Mach einen Umweg." Er kommt wieder. Gewissensgewitter stürzt auf uns nieder. Gefühlszwitter zerreißt uns. L. liebt zwei Frauen, ich zwei Männer.

Briefe seitenlang. Karten. Ich renne in der Mittagspause nach Hause, um noch am gleichen Tag antworten zu können. „Ich fühle mich wie ein alter Baum, dem junge Triebe wachsen."

L. ist ein Poet. Ich jage Musik durch den Recorder und schicke ihm Kassetten. Wir erkennen uns. Ich bin glücklich, fühle mich getragen und geborgen. Ich schicke ihm Texte von mir. Er macht mir immer Mut und fordert mich heraus: „Du bis ein Naturtalent. Stell dich mal vor den Spiegel und beschreibe dich selbst. Kannst du Erotisches aufschreiben?" Ich antworte: „Hast du Phantasie?"

Die Post darf seine Frau nicht abfangen. Leben nach Datum und Poststempel. Immer alles geheim. Ich fühle mich wie ein Tier, das atemlos durch die Monde stolpert.

`Wie, und, soll das überhaupt immer so weitergehen?`, denke ich.

Ich kann mir ein Leben ohne ihn nicht vorstellen. Ich sehne mich nach ihm. Warte auf ihn. Tage, Monate. „Wenn es nicht so weit wäre, würde ich öfter kommen. Wir können unsere Nähe nicht leben." Ich verliere meinen Mut. Ich kann nicht mehr. Wie kann ich dann? Fühle meine Aussichtslosigkeit. Ich falle in Traurigkeit, komme zur Einsicht: Ich lasse los. Ich kämpfe innerlich mit mir, heule bis zur totalen Erschöpfung. Keine erotischen Briefe mehr, keine sms, keine Telefonate.

Ich schreibe ihm einen Brief: „Ich habe einen anderen Mann kennen gelernt. Die Liebe hat aus Versehen wie der Blitz eingeschlagen. Ich bleibe bei ihm. Bitte verzeih mir." Ich trenne mich auch von meinem anderen Freund.

L. ruft mich an: „Warum?" fragt er. „Bin ich dir zu alt?"

„Nein, nein!", rufe ich verzweifelt durch das Telefon. Ich kann mich nicht erklären. Mir fehlen einfach die Worte für ein Gespräch. Ich höre seinen Atem durch den Hörer. Dann sage ich in die Stille: „Bald bin ich verheiratet. Ich will eine Ehe führen, die in sich stimmt."

August 2007

L. gratuliert uns zur Hochzeit: „Alles Gute für Euch unter Eurem schützenden Familiendach."

Ich freue mich sehr über diesen Gruß. Mein Mann lächelt, nimmt mich in den Arm und sagt:

„Deine Vergangenheit gehört zu uns beiden." Ich schreibe L. ab und zu, wie es uns geht.

Oktober 2009

Mein erstes Buch erscheint. Ich schicke es an L. Er schreibt zurück: „Ihr habt alles mit Eurer Kraft und Eurem Mut geschafft." Wir haben einen wahren Freund gewonnen.

Teil VI
Gemeinsamkeiten

Sigrid Lindenblatt
Stufengedichte

ICH

Egoismus
Ich liebe
Ich liebe mich
Ich liebe meine Tochter
Treue

Treue
Ich lebe
Viele schöne Tage
Es werden immer mehr
Familie

GLÜCK

Freundschaft
Nicht alleine
Viele gute Gespräche
Die Freude ist groß
Zweisamkeit

Spielen
Tipp ankreuzen
Sonnabend Lottoziehung verfolgen
Ein Gewinn lässt grüßen
Glücksgefühl

Uschi Kuhfuß
Ein kleines Stückchen Glück!

Es ist kalt und der erste Schnee ist in diesem Jahr gefallen. Ich stehe nicht, wie ich es mir immer erhofft habe, auf einem Gabentisch. Oder doch?

Es ist eine große Tafel mit Pralinen, Wein und vielen anderen schönen Gaben, und ich bin auch dabei.

Der Saal, in dem wir aufgebaut werden, ist groß und im Moment noch sehr ungemütlich und kalt. Jetzt kommen zwei Männer und bringen einen großen Tannenbaum herein. Dann ist es wieder ganz ruhig und dunkel.

Nach etwa zwei Stunden kommen ganz viele fleißige Helfer, schmücken den Baum, den Raum, die vielen Tische und auch unsere Tafel mit Kerzen und Tannengrün.

Dann wird der Saal wieder verschlossen, und es kehrt eine eisige Stille ein.

Was ist das nur für ein Tag, und was wird heute noch alles geschehen?

Ich, der kleine gelbe Teddybär, bin sehr aufgeregt und hoffnungsfroh auf den weiteren Ablauf. Da es der dritte Dezember 1978, ein Samstag, und es schon ab fünf Uhr stockdunkel ist, hoffe ich auf einen schönen Abend. Die Lichter gehen an und die vielen Gäste strömen herein, es erklingt Weihnachtsmusik, die Menschen schwatzen und werden platziert. Vor jedem liegen ein Los und ein kleines Präsent. Nach einer kurzen Ansprache durch einen sehr netten Herrn wird die Betriebsabschlussfeier für alle Anwesenden zu einem schönen, unterhaltsamen Abend. Bei gutem Essen, Trinken und Tanz fühlen sich alle wohl.

Die große Geschenketafel wurde immer wieder betrachtet und jeder hatte schon auf etwas Schönes sein Auge geworfen. Die kleinen gerollten Blätter, die an jedem Platz liegen, dürfen endlich aufgemacht werden. Auf jedem Los steht eine Nummer und an jedem Stück der Tafel, so auch an mir. Ich muss sehr lange warten, ehe ich meine Besitzer kennen lerne. Ich werde von einer jungen Frau und einem älteren Mann gewonnen. Wie ich im Laufe des Abends feststelle, waren es Vati und Tochter. Die Frau zu dem Vati war gerade nicht da. Sie hatte die Erlaubnis erhalten, ihre Mutter in Minden/Westfalen zum achtzigsten Geburtstag zu besuchen.

Heute werde ich nun neunundzwanzig Jahre und es geht mir gut. Ich sitze auf dem Nachttisch, werde öfters geknuddelt, geküsst und auch manchmal angefahren. Was, glaube ich, aber nicht nur mir gilt. Leider muss meine Teddymutti seit fast neunundzwanzig Jahren ohne Mutti und Vati bzw. drei ganz nahe Bezugspersonen leben. Es geht ihr um diese Jahreszeit immer nicht gut, und ich versuche ihr dann, indem ich da bin, zu helfen.

Nächstes Jahr werde ich dann dreißig Jahre und sicher wieder einmal in die Waschmaschine gesteckt, damit ich den Vorstellungen der Sauberkeit und Ordnung entspreche. Auch wenn mich das manchmal sehr nervt, bin ich doch immer wieder froh, noch nach so vielen Jahren immer noch beachtet und geliebt zu werden und ein Stück Vergangenheit zu sein ...

Ingrid Hollman
Es geht mir GUT

Die Frage lautet:

Wie geht es Ihnen?

Und die Antwort lautet:

Gut, sagt der „gesunde" Mensch, der höflich ist oder bei dem gerade alles rund läuft.
Gut, sagt der Maniker, der sich auf einem Hoch befindet.
Gut, sagt aber auch der Manisch-depressive, der sich in einer „normalen" Phase befindet und sich wie der gesunde Mensch verhält.
Gut, sagt auch der Bipolare, weil die schlechten Momente in letzter Zeit keine Depri ausgelöst haben, so wie sie es so oft tun.
Gut, sagen sogar einige Depressive, wenn sie gerade etwas Positives erlebt haben oder sich nichts anmer-

ken lassen wollen.

Gut, sagt vielleicht auch der Psychotiker, der vor kurzem eine Psychose heil überstanden hat und froh ist, dass alles wieder relativ normal ist.

Gut, sagt wahrscheinlich sogar der Drogensüchtige, der seine Droge bekommen hat.

Gut, sagt wahrscheinlich auch jeder psychisch kranke Mensch, der (therapeutische) Fortschritte bei sich selbst feststellt (es geht voran ... ich komme besser klar), gerade auch in der schlechten Zeit.

Wenn ich auf die Frage nun antworte, es geht mir GUT ... wissen Sie dann wirklich, wie es mir geht?

Annegret Winkel-Schmelz
Zuspruch

Ich verstehe deine Trauer.
Ich spüre deine Wut.
Ich fühle deine Verzeiflung.
Ich höre deine Verbitterung.
Ich begreife deine Klagen.

Trösten kann ich dich.
Beistehen kann ich dir.
Sprechen kann ich mit dir.
Zuhören kann ich dir.
Begleiten kann ich dich.

Aber nur du kannst zu dir selbst finden.

Heidrun Ernst
Sein oder Schein?

Ich weiß, dass ich in einer schnelllebigen und erfolgsgeprägten Zeit lebe.
Nur zu gut ist auch mir bekannt, dass Zeit Geld ist und Geld die Welt regiert, genauso, wie sogar Wissen Macht ist und Unwissen bestraft wird.
Oft bestimmt in unserer heutigen Zeit der Schein das wahre Sein.

Ich hatte mir einst mit meinen eigenen Händen und meinem erworbenen Wissen Geld, einen verantwortungsvollen, beruflichen wie privaten Stellenwert erarbeitet und glaubte, mich am Ziel meiner Lebensträume. Ich verwirklichte mir auch einige davon, die besonders in mir herangereift waren. Aber, trotz meiner zahlreichen Pflichtgefühle, Arbeitsfleiß und Selbstverantwortungen, fühlte ich mich nie richtig frei und innerlich glücklich. Vor lauter Arbeitseifer hatte ich auch kaum Zeit für mich selbst und vergaß rasch so manches Erlernte.
Erst meine eigene körperliche Erkrankung zwang mich zu einer Lebensbilanz. Damals lag ich hilflos und kraftlos im Bett und brauchte fremde Hilfe und Unterstützung. Bald quälten mich einige Fragen: „Was hatte ich in meinem Leben falsch gemacht?", „Warum war ich jetzt so hilflos und schwerkrank?", „Was gab mir jetzt mein ganzer materieller Wohlstand?" und „Wo war mein Wissen?" Mein Kopf war leer. Ich konnte nicht denken und mich nicht kon-

zentrieren. Sogar meine Erinnerungen fehlten. Panische Angst und Mutlosigkeit befielen mich! Nur mein eigener Lebenswille war noch stark, und ich wollte meine Angst und Mutlosigkeit bekämpfen. Aber, ich hatte diese „Rechnung" nur in meinem Kopf gemacht und nicht an den Körper gedacht. Denn, nach kleineren körperlichen oder geistigen Erfolgen verfiel ich sehr leicht in schwere Depressionen. Ich wollte wieder annähernd so leistungsstark, belastbar, gesund sein und schnell denken können wie vor meinem Schlaganfall. Im Laufe von Tagen, Wochen, Monaten musste ich leider selbst erkennen: Das ist nicht mehr möglich. Ich musste lernen, mit einem kranken, leistungsschwachen und seelisch kaum noch belastbaren Körper zu leben. Aber die Leistungsmesslatte meiner Vorfahren und auch meine eigene bestanden nur aus Stärke, Gesundheit, Perfektionismus und besonders hohen Ergebnissen. Sehnsuchtsvoll wollte ich sie wieder besteigen, aber ich schaffte es nicht mehr! Oft war ich deshalb extrem verzweifelt und weinte bitterlich. Irgendwann entdeckte ich aber eine andere Messlatte. Es waren nicht Ruhm, Macht, Wissen oder Geld. Nein! Es waren die unerfüllten Träume, Sehnsüchte, Illusionen, Hoffnungen, gegenseitige Rücksichtnahme, gegenseitiges Verständnis, Wertschätzung, Hilfsbereitschaft, gegenseitige Güte ...

In einem besonders hoffnungsvollen Moment versuchte ich, diese Lebensmesslatte zu besteigen und siehe da, ich kam Stufe um Stufe langsam voran! Aber, ich brauchte dazu sehr viel fremde und eigene Hilfe, enorm viel Zeit, Geduld, Verständnis.

Und, ich musste lernen umzudenken, an etwas anderes zu glauben, mit meinen zahlreichen Gefühlen umzugehen und meine Leistungsgrenzen meinem Körper und meiner Gesundheit anzupassen.

Heute lebe ich mit diesem anderen Denken, Handeln, Glauben, Fühlen und bin endlich auch manchmal innerlich frei.

Zeit allein ist nicht Geld! Und auch Geld allein regiert nicht die Welt! Manchmal ist es sogar ein Reichtum, wenn man wenig weiß oder nur wenige materielle Dinge besitzt, aber sich trotzdem noch damit glücklich und zufrieden fühlen kann.

Heute habe ich nur noch einen ganz kleinen seelischen Reichtum, mit dem ich mich aber immer noch ausreichend menschlich und glücklich fühlen kann. Es ist ein fließendes Wechselspiel zwischen meinem Sein und meinem Schein!

Gabriele Reichert
Akzeptanz

Ich nehme mich an so wie ich
gerade bin.
Es hat seinen Grund, warum ich
jetzt in diesem Moment so bin
wie ich bin.
Auch du hast deine Gründe,
warum du so bist wie du bist.
Vielleicht verstehen wir nicht immer,

warum es ist wie es ist.
Mit dem Versuch uns anzunehmen
erreichen wir auch ein Stück die Ebene
des Verstehens und sagen uns:
Es ist wie es ist.

Es kann nicht nur die Veränderung sein,
die uns vorwärts treibt;
manchmal ist auch Innehalten der
bisherigen und derzeitigen Situation
angesagt, denn

„Jegliches hat seine Zeit".

Heidrun Ernst
Abschied

Wortlos sitzt du neben mir,
keine deiner Gesten und Mienen erreicht mein Herz:

keine deiner Ausstrahlungswellen trifft bis zu meiner Seele vor.

Du bist mir fremd geworden!
Ich habe einmal deinen Worten geglaubt
und dir auch mit meinem ganzen Herzen vertraut.

Doch du träumst auch heute hauptsächlich nur von
Macht und Geld

und genau das ist es, was mir nicht gefällt.
In meinen Träumen ist auch noch Seelennahrung da
und dazu sage ich heute offen „Ja!"

Ich träume einen anderen Traum als du
und deshalb schaue ich auch nicht mehr deinem
Treiben zu.
Ich gehe jetzt meinen Lebensweg allein
und bitte stelle mir da nicht auch noch ein Bein.

Lass uns als Freunde auseinander gehen und
jeder
kann nach seinen eigenen Lebensträumen jetzt sehen.

Martina Müller
Ausverkauf

In Regalen gestapelt
die Auslaufmodelle,
freigegeben
zum Verramschen.

Nichts mehr wert
sind die Werte,
mutiert
zum Ladenhüter.

Alles muss raus hier,
möglichst schnell,
sonst frisst es
der Reißwolf.

Nur Plunder
sind die Gefühle,
Wegwerf-Scham,
Tiefkühl-Achtung.

Haltlos
sinkt abwärts
der Preis
des Dankes.

Ehrlichkeit
wird umetikettiert,
zum dritten Male herabgesetzt,
abgestempelt.

Dabei wäre es
heute so billig,
und noch immer
ist alles zu haben ...

Annegret Winkel-Schmelz
Vergiftungserscheinung

Aus Guss.
  Ausguss.

      Ab Wasser
      Abwasser.

          Ab Fluss.
          Abfluss.

              Aus Fluss.
              Ausfluss.

Aus.

Uschi Kuhfuß
Grauer November oder: Begegnung am Mittag

Es ist der letzte Novembertag 2007.
Ich sitze im Wartezimmer meiner Ärztin. Eine Patientin verlässt das Besprechungs- und Behandlungszimmer. Sie freut sich, ihre Mutter, die sie abholen wollte, ist schon da.

Wir kommen ins Gespräch, worüber? Natürlich über Ärzte.

Den wenigen Äußerungen der beiden Frauen entnehme ich, sie müssen aus Richtung Leuna kommen. Die ältere Dame macht auf mich den Eindruck einer Lehrerin. Sehr selbstbewusst, akkurat und auch ein wenig bestimmend.

Die junge Frau würde ich in meine Altersklasse eintakten. Ein kleiner Sympathieflug trifft mich. Ich bekomme ein Ferreroküsschen angeboten, welches ich dankend annehme und auch gleich anfange, zu verspeisen.

In dem Wartezimmer breitet sich für mich zwischen uns drei Frauen ein warmes Gefühl aus, mir scheint es, als ob auf einmal die Sonne aufgeht. (Das Zimmer hat aber gar kein Fenster.)

Auf einmal kommt ein kleiner Sonnenschein in den tristen Novemberalltag herein.

Die wenigen gemeinsamen Momente empfand ich sehr schön und würde mich auf ein Wiedersehen freuen.

Renate Bastian
Chance

Der letzte Sommertag
geht vor meinem Fenster spazieren,
doch ich habe die Vorhänge zugezogen
und mich verkrochen unter meinem Laken

Vorübergegangen bist du
und hast mir die Hand entgegen gestreckt.
Ich habe sie nicht genommen
als hätte ich die Wärme nicht nötig
für die kommenden Tage

Leben nur aushalten,
nicht probieren mitzugeh`n
schwach sein, weil es leicht ist

dann aber den Tag anklagen,
weil er mich nicht mitgenommen hat.

Martina Müller
Misslich

Neulich
verlor ich ein Wort
zuviel,
unerfreulich
sofort;
es fiel,
dass mich`s verdrieße,
mir auf die Füße.

Per sofort
hab ich mich gebückt,
wie ich gekommen,
und das Wort

-unentzückt –
zurückgenommen;
doch zum Haareraufen,
es war entlaufen...

Heute
zieht`s Kreise
allein,
macht mich zur Beute;
die Weise,
nicht fein...
Ich trag das Verlangen,
es einzufangen.

Teil VII
Bewegte Zeit

Evelyne Rostalski
STUFENGEDICHTE

NACHT
   DUNKEL – LICHT
      TÖTE MICH NICHT
         GLAUBE DOCH AN DICH
        NACHT

ICH
  ICH WILL
    GLAUBEN AN MICH
      ICH KANN ES SCHAFFEN
      ICH

MACHT
  ERFOLG GELD
    MEINE ZIELE ERREICHEN
      DAS BESTE DARAUS MACHEN
      MACHT

GLÜCK
  KINDERLACHEN
    AUGEN DIE STRAHLEN
      DIE SONNE GEHT AUF
      GLÜCK

LIEBE
  WÄRME – GEBORGENHEIT
    HAND IN HAND
      ZIEHEN WIR DURCHS LAND
      LIEBE

Uschi Kuhfuß
Hallo Leute!

Guten Tag, so sagt man stets, dann fragt man meistens noch: „Wie geht`s?"

Wie geht es mir wirklich an diesem Tag? Wenn ich die Wahrheit sag,
ob man mich dann noch mag?

Ich kann hören, sprechen, kann laufen und auch seh`n,
da muss es mir doch auch gut geh`n.

Das ist Smalltalk,
das ist tägliches Geschehen,
da muss man auf keinen herabsehen.

Sind dies die Fragen, die ich meine,
worüber ich auch manchmal weine?

Nein das ist keine dieser Fragen,
die täglich, stündlich mich begleiten
und die ich auch gern würde weiterleiten.

Valborg Ritter
Ich vor dem Spiegel

Wenn ich morgens in den Spiegel seh,
betrachte ich mich vom Kopf bis zu dem Zeh.
Ohne Brille ist es noch auszuhalten,
mit Brille kann ich mich vor Lachen kaum halten.

Was einst in Formen gut gelungen,
ist zur Unförmigkeit gedrungen.
Die Arme schwabbeln hin und her,
der Busen hängt schon ziemlich schwer.

Der Bauch bewegt sich in runzligen Falten,
kein Bildhauer könnte noch was Edles gestalten.
Es wallt, es wogt in großen Massen,
sollte man so einen Körper hassen?

Ich, aber liebe meine Formen,
barocke Figuren brauchen keine Normen.
Was ich erlebt, ist in mein Gesicht geschrieben,
des Lebens Meißel hat tiefe Spuren getrieben.

Bin ohne zu klagen gealtert mit den Jahren,
erkenne mich auf den Bildern meiner Vorfahren.
So kommt bei mir die Erkenntnis nicht zu spät,
ich selbst bin meine eigene, wertvolle Antiquität.

Sigrid Lindenblatt
Frei sein ...

Nun bin ich frei
und kann es
nicht glauben,
nicht fassen!

Ich habe alle Zeit der Welt
und kann es
nicht glauben,
nicht fassen!

Ich kann faul sein
und kann es
nicht glauben,
nicht fassen!

Mein Leben gehört nur mir
und kann es
nicht glauben,
nicht fassen!

Ich kann tun und lassen was ich will
und kann es
nicht glauben,
nicht fassen!

Noch nicht...!

Manuela Stockmann
Irrweg

Ich bin seit sieben Jahren psychisch erkrankt und bekomme seit fünf Jahren regelmäßig alle vierzehn Tage eine Risperdal-Depotspritze. Einmal nun in diesen Jahren passierte es mir, dass ich meinen Termin bei meiner Neurologin verpasste. Ich stand an dem Tag vor ihrer Tür, als sie ihren Urlaub angetreten hatte. Nicht so schlimm, dachte ich, versuche ich eben hinzukommen bis sie wieder aus dem Urlaub zurück ist. Natürlich war ein Aushang an ihrer Praxis zwecks Vertretung. Doch schon eineinhalb Wochen später merkte ich, dass es mir nicht gut ging und ich nicht noch vierzehn Tage warten konnte bis zur nächsten Spritze. Am 14.02.2008 rief ich in der Praxis der angegebenen Vertretung an, dort teilte man mir mit, dass die selbst erkrankt sei und gaben mir Namen und Telefonnummer von deren Vertretung wiederum. Auch da rief ich an, wurde aber abgelehnt mit der Begründung, sie wären nur noch für den 14.02.2008 Vertretung. Die Spritze müsse man ja bestellen und könne sie nicht am selben Tag geben, da sie erst geliefert werden müsse. Ich wusste keinen Rat mehr, brauchte doch die Spritze. Also rief ich im „Labyrinth" e. V. an, um mir die Nummer von der Institutionsambulanz der Universitätsklinik geben zu lassen, wollte dort um Hilfe bitten, was ich dann auch tat. Doch man fragte mich nur, ob ich schon mal bei ihnen gewesen wäre, und als ich das mit einem „Nein" beantwortete, lehnte man auch da ab, mir zu helfen. Man verwies mich zu meiner Hausärztin. Diesem Rat folgte ich dann auch am 15.02.2008 morgens. Doch auch sie lehnte es ab mir zu helfen, wollte jedoch noch mal mit mir reden. Ich schaute zu, wie sie einen Patienten nach dem anderen rein rief, und mir wurde das zu dumm. Also ging ich ins „Labyrinth" e. V., um zu frühstücken und erzählte den Sozialarbeitern von meinem Leidensweg. Doch wie schon so oft, machten sie mir weiter Mut und boten mir an, in der Ambulanz des Psychiatrischen Krankenhauses anzurufen. Dort hatte man großes Verständnis für meine Notlage und man versprach mir, sich zu erkundigen, ob es machbar sei. Als ich gegen dreizehn Uhr nach Absprache noch einmal zurückrief, teilte mir die Ambulanz mit, ich könne kommen. Es war so einfach: sie gaben mir die Spritze, stellten ein Rezept für mich aus, das ich sofort einlöste. Sie haben keinen Verlust gehabt.

Annegret Winkel-Schmelz
krise I

gefühlsschaukel schleudert mich in den abgrund
sinne zerfallen fassungslos
ins kopfkino dringt kein laut
leinwand stürzt auf mich

krise II

hänge mich am seidenen faden auf
raste bedingungslos ein
bleibe im knoten stecken
bis mich deine worte erlösen.

Marion Köllner
Ein dorniger Weg

Es war einmal ein Schulkind, ein Mädchen mit langen Zöpfen, ein linkshändig spielendes Kind, welches es dann beim Schreiben in der Schule gar schwer hatte. Schon seine Großmutter sagte, die linke Hand sei nicht die gute, der Stift kam also in die rechte Hand. Auch später, der Lehrer sagte dies ebenso.

Das Schreibenlernen war eine Qual. Die ersten Formen – Striche von unten nach oben und zurück im Schreibheft waren für das Mädchen eine Kraftanstrengung, der Arm, die Hand schmerzten. Sehr, sehr oft endete die Zeile auf dem Arbeitstisch. Alle geschriebenen Formen begannen links unten und endeten irgendwo rechts oben. Das Kind bekam stets Wutausbrüche und Heulkrämpfe, weil keine der Hausaufgaben dieser Art gelangen.

Die Mutter des Mädchens sagte nur: „Ach Kind, was machst du denn?" Aber die Mutter schimpfte nie, sie nahm die Qual wahr und tröstete.

Jahrzehnte später bei einem Klassentreffen kam das Gespräch einer Mitschülerin darauf, wie sich über das links schreiben wollende Mädchen die Lehrerin hermachte, um den Stift in die rechte Hand zu geben.

Dass es auch oft in der Schule darüber weinte – diese Erinnerung hatte das Mädchen nicht mehr, aber die anderen eben. Heute fragt sich die erwachsen gewordene Frau, wo kommt die Freude über das Schreiben her... Sie schrieb später gern Aufsätze, Tagebücher und besonders gern lange Briefe.

Uschi Kuhfuß
Gedankenspiele

Morgentau,
Himmelgrau,
Verfassung trüb:
Wer hat mich lieb?

Sonnenschein,
so soll es sein,
gemeinsam in den Tag hinein,
doch immer kann es nicht so sein.

Tauben gurren oder murren.
Vogelgesang so schön.
Möge der neue Morgen nicht so schnell vergeh`n.

Gesang vorbei
Tag beginnt.
Nicht immer etwas gut gelingt.

Kopf hoch
kein Trübsal blasen.
Jeder Tag ein Stückchen Glück.
Immer vorwärts, nie zurück.

Teil VIII
Heiter immer weiter

Evelyne Rostalski
Schwere Entscheidung

Jeden Morgen
stehst du vor ihr,
nur ein kleiner Schritt,
doch immer zögerst du.
Sie macht dir Angst,
so schonungslos
schleudert sie dir die Wahrheit entgegen.
Doch heute
hast du den Mut gefunden,
hast sie endlich
aus der Wohnung geschmissen.

Man kann auch... ohne Waage... leben.

Annegret Winkel-Schmelz
Musik für alle

Ich tanze in meiner Stube. Die Musik dröhnt laut
durch die weit geöffneten Fenster in der elften Etage
durch die Dunkelheit. Ich habe voll aufgedreht. Dabei vergesse ich alles um mich herum. Den runden
Tisch mit den vier Stühlen habe ich beiseite geschoben, damit ich Platz habe. Um mich herum liegen
auf dem, mit braunem Teppich ausgelegten, Fußbo-
den meine ganzen CD`s ohne Hüllen vor meiner An-
lage. Wahllos greife ich mir eine nach der anderen.
Wie lange ich mich im Takt wiege und mitsinge weiß
ich nicht. Ich habe kein Zeitgefühl.

Zwischendurch will ich aufräumen, doch richte
ich noch mehr Unordnung an. Das ist mir jedoch
gerade nicht bewusst. Den Toaster stelle ich in die
Badewanne. Die Bestecks lege ich dazu. Warum? Das
Geschirr weiche ich in der Küche ein, doch ich wasche es nicht ab. Gläser liegen zersplittert im Wasser. Einen Stuhl stelle ich vor die Eingangstür. Meine
Zigarettenkippen drücke ich nicht im Aschenbecher,
sondern im Blumentopf aus. Meine Gedankenfolgen
reißen ständig sprunghaft ab, doch bin ich getrieben,
hastig immer wieder etwas anderes zu tun. Dann
bringe ich den Müll runter. Nachdem ich die Tüte in
die Tonne geworfen habe, fällt mir ein, ich habe meine Schlüssel in der Wohnung vergessen. Mich packt
unbändige Wut. Ich gebe der Tonne einen kräftigen
Stoß mit dem Fuß, und sie fällt krachend um. Die
Klappe öffnet sich, und stinkender Müll verteilt sich

auf der Straße. Ich schreie die Tonne an: "Du bist Schuld, nur du!!"

Die Haustür ist zu. Ich verstecke mich unter der Treppe. Ich friere in der Winterkälte dieses Januartages 2000. Lange sitze ich zusammengekauert da. Niemand kommt. Ich krauche wieder hervor und drücke alle Klingeln. Panik. Angst. Verzweifelt schlage ich meine Fäuste gegen die Scheibe und rufe laut: „Ich bin allein, ganz allein." Dann geht der Summer. Ich wärme mich an der Hausheizung. Fahrstuhl. Ist die Wohnungstür noch offen? Mein Herz pocht bis zum Hals, ich stürme die Treppen hoch.

Erleichterung. Die Tür ist angelehnt. Ich küsse meinen Schlüssel. Dann nehme ich ihn und streife gelassen durch`s Haus. Vor den Türen stehen überall Schuhe. Ich lache aus voller Kehle, lache und lache als ich von jedem Paar einen Schuh in die Tiefe fallen lasse. Die werden morgen aber suchen. Das geschieht ihnen recht. `Böse Menschen müssen bestraft werden`, denke ich. Dabei zittere ich am ganzen Körper und denke daran, wie eine Nachbarin einmal bei mir vor der Tür stand und fragte: „Wann ziehen sie endlich aus? Ihre Kinder lachen zu laut."

Aus meiner Wohnung dröhnt noch immer volle Lautstärke. Ich spaziere zurück, stelle „Peter Maffay" aus und sage zu mir: „Heute schlafe ich in der Stube." Ich klappe mein Sofa aus. Da klopft und klingelt es an meiner Tür. Zaghaft öffne ich. „Dürfen wir reinkommen?", fragt mich ein Uniformierter in Grün. Eins, zwei, drei, vier. Ich zähle verwundert die Beamten und winke einen nach dem anderen durch den

Flur. Wo kommen die denn her? Ich fühle mich wie eine Zirkusdirektorin, die ihre Manege öffnet und sage mit theatralischer Geste: „Immer hereinspaziert!" Eine Notärztin und zwei Pfleger stehen ebenfalls in meinem Wohnzimmer. Alle haben dreckige Schuhe an und trampeln meinen Teppich schmutzig. `So eine Frechheit`, denke ich.

„Wollen Sie ein Autogramm von mir?" Ich lache hilflos, setze mich an meinen Tisch und sehe die Leute an. „Wütende Nachbarn haben uns angerufen. Sie sind Psychiatriepantientin?", fragt mich die Notärztin. Ich nicke. „Ich gebe ihnen eine Spritze, dann nehmen wir sie mit."

„Was für eine Spritze?" frage ich ratlos. „Faustan zur Beruhigung." Ich krempele meinen Ärmel hoch. Widerstand zwecklos. „Wieso wollen sie mich mitnehmen? Ich will gerade schlafen gehen!" stoße ich hervor. Die Ärztin sieht mich mitleidig an. „Sie haben das ganze Viertel über Stunden beschallt. Es ist halb drei Uhr nachts. Packen sie ein paar Sachen ein. Wir fahren sie J E T Z T in die Klinik."

Es ist Freitag. Montag habe ich einen regulären, ambulanten Termin bei meiner Psychiaterin. Hab`s nicht geschafft.

Im Hauflur stehen laut schimpfend meine Untermieter: „Nehmen sie diese Frau mit und für lange. Die gehört doch weggesperrt!!"

Der Krankenwagen schaukelt mich durch die schlafende Stadt. „Eine Stadtrundfahrt bei Nacht", sage ich erstaunt und arglos zu dem Pfleger und stimme das Lied „An der Saale hellem Strande" an.

Dann höre ich Schlüssel rasseln, das grelle Neon-

licht blendet meine Augen. Hinter mir werden die
Stationstüren verschlossen.

Martina Müller
Mein Zahn

Mein Zahn ist mit mir so gemein,
der schmerzt und lässt mich leiden.
Ich schlafe nachts fast nicht mehr ein
und bin nicht zu beneiden.

An keinem Ort halt ich`s mehr aus,
marschiere durch die Zimmer.
Am liebsten würfe ich ihn raus,
denn mir geht`s immer schlimmer.

Von Gnade hat er nichts gehört,
das kann ich glatt vergessen.
Der Zahn versteht nicht, dass er stört
bei jedem bisschen Essen.

Ob heiß, ob kalt, ihm ist`s egal,
er zwickt - auf alle Fälle,
besorgt mir wahre Folterqual
mit seiner Mini-Hölle.

Fest hockt er noch im Zahnfleischbett
mitsamt den Katakomben,
doch bin auch ich zu ihm nicht nett:
ich lasse ihn verplomben!

Edeltraud Stache
Zu spät

Als ich ein fünfzehnjähriges Mädchen war, kam ich einmal abends nach zehn Uhr nach Hause.
Die Tür war abgeschlossen.

Hat es meine Mutter also wahr gemacht. „Kommst du wieder so spät nach Haus, schläfst du im Schweinestall."

Im Schweinestall? Hu, da ist es kalt und schmutzig.
So schnell wollte ich nicht aufgeben.

Ich ging in den Garten und klopfte bei Herbert ans Fenster, das er auch noch geschlossen hatte.

„Herbert, Herbert!" rief ich. Keine Antwort.

Das ist vielleicht ein Bruder, hält nicht zu mir. Schon das geschlossene Fenster, verdächtig.

Aber in der Speisekammer war das Fenster einen Spalt offen.

Unangenehm im Dunkeln – ich unterdrückte die Angst.

Das ist eine ganz schöne Höhe. Alle Kräfte zusammennehmen, geschafft. Ich quetsche mich durch die schmale Fensterhälfte. Dicker hätte ich nicht sein dürfen.

Dunkel im Zimmer. Ich springe auf den Boden.

Oh, gleich wird die Tür aufgehen und dann gibt`s was um die Ohren:

Aber es bleibt alles still.

Ich gehe ins nächste Zimmer, auch kein Licht.

Dann der Flur, finster, überall dunkel.

Na so was, ist ja kein Mensch da.

Wo sind sie denn?

Da wurde ich aber gelinkt.

Der Schlüssel liegt noch draußen auf dem oberen Querbalken von der Tür.

Hätte aufschließen können.

Ich warte und warte.

Meine Mutter kommt, wenn auch spät. Sie war bei Tante Anna in Friedeburg.

Ich frage nach Horst und Herbert.

Sie sind mit dem Motorrad nach Streusmannsdorf zum Tanz.

Das schlechte Gewissen hatte mich durch das Speisekammerfenster gezwängt.

Hätte es einfacher haben können, durch die Tür.

Valborg Ritter
Das leicht gruselige Heckenhaus - eine Moritat -

Im Laubgeschoss in ihrer Hecke
wohnt lange schon die alte Schnecke.
Sie achtet sehr auf gute Sitten,
damit im Haus nicht wird gestritten.
Ihr Sohn ist heimlich zum Kiosk geschlichen,
dort leider in einer Bierdose verblichen.

Im ersten Stock wohnen die Zecken,
die liebend gern die Nachbarn necken.
Bei ihrer ständigen Heckenrunde
beißen sie zu in jeder Stunde.
Werden sie jedoch erwischt,
ganz schnell ihr Lebenslicht erlischt.

Im zweiten Stock wohnt befristet
Frau Amsel, die gerade nistet.
Der Amselvater im schwarzen Gefieder
singt gerne unanständige Lieder.
Sind die Jungen ausgekrochen,
wird das Quartier schnell abgebrochen.

Im dritten Stock, unter dem Dach,
machen Studenten ständig Krach.
Dort wohnen Käfer, Milben, Spinnen,
uneins sie jeden Tag beginnen.
Wenn es hin und wieder so richtig kracht,
wird schon mal einer umgebracht.

Die alte Schnecke im Heckenlaub
ist schon seit vielen Jahren taub.
Hört nicht Zank und Geschrei von oben,
denkt, ich kann mein Heckenhaus nur loben.
Die Moral von der Geschicht`-
stell dich taub, dich nichts anficht.

Annegret Winkel-Schmelz
Vorsicht

Breche in Leben ein,
stehle die Dunkelheit
und besteche die schlechte Laune.

Beraube die Wirklichkeit um Farben,
knacke die Traumtresore
und unterschlage mich nicht.

Meine Komplizin ist die Zeit.
Sie steht Wache und pfeifft mich zurück,
wenn die Gedanken auf Abwege geraten.

Uschi Kuhfuß
Lebenszeilen

Ein Wunder sind für mich oft Tränen,
eigentlich sollte ich es nie erwähnen.

Mein Herz im Herbst ist oft sehr versteint,
es löst der Schmerz sich, wenn ich sie geweint.

Manch Träne ist mit Vorsicht zu genießen,
vor allem die, die andere vergießen.

Erst kürzlich hab ich nachgedacht,
was das Leben alles mit mir gemacht.

Manches Jahr ging viel zu schnell vorbei,
nie war mir etwas einerlei.

Achtung, man sollte nicht nur rückwärts schauen,
doch ohne Rückschau, kann man schlecht was Neues bauen.

Manuela Stockmann
Danke

Danke für die zweite
Chance im Leben.
Werde auch mein Bestes
geben!
Habe mich um hundert
Grad gedreht
und gesehen, dass es geht.

Danke für die hilfreichen
Hände,
glaube, es nimmt ein gutes
Ende.
Habe eine Therapie gemacht
und bin aus einer Trance
erwacht.

Danke für euer Vertrauen,
ihr könnt auf mich bauen.
Hatte mich schon
aufgegeben,
jetzt hab ich es wieder im
Griff, mein Leben!

Danke, dass ihr an mich
glaubt,
dessen hat man mich in
meiner Kindheit beraubt.
Ich war so sehr geschafft,
doch ihr gabt mir wieder
Kraft.

Martina Müller
Reizvolles Leben

Schwing dich
hinauf
bis ins Blau zwischen Wolken;
greif dir
den Ast
mit den Blüten
vom Baum!

Lebe!

Ins Schwingen
lege dein Hoffen,
reiß los dich
von Erdenschwere;
zeig Hohn ihr
und Kraft!

Danach
trag kommendes Fallen
nicht als Geschick;
im Gesicht
recke Lachen
der Umkehr entgegen
und Blick!

Nur so
offenbart sich
im Oben und Unten
eigener Reiz.

Schwing dich und falle!

Du steigst zeitig genug
      von der Schaukel
            des Lebens.

Edeltraud Stache
Gesundheit

Gesundheit haben die Gesunden
Wenn verheilt sind alle Wunden
Wenn man schlafen kann sofort
Sei es hier, sei es dort
Wenn alles schmecket auf dem Tisch
Sei`s gekocht oder auch frisch
Mehr Liebe statt Neid,
dann ist die Gesundheit näher als Leid.

Valborg Ritter
Schlafes Schwester möchte ich sein

Bruder Schlaf, fleißiger Wanderer in jeder Nacht,
du, der den Menschen und Tieren den Schlummer
gebracht,
bist bei deinem Tun einsam und allein,
gerne möchte ich deine helfende Schwester sein.

Die Arbeit könnten wir uns geschwisterlich teilen,
um etwas länger bei Groß und Klein zu verweilen,
denn viele finden nur ganz schwer zur Ruh,
wir hätten mehr Muße, hörten ihnen geduldig zu.

Mit allen Kindern könnten wir die Lieder singen,
die kleinen Seelen zum Schwingen und Klingen
bringen
oder auch Nachtgeschichten erzählen,
so könnten sie selbst ihre besten Träume wählen.

Für Kranke und Schwache nähmen wir uns viel
mehr Zeit,
sie brauchen Liebe und Geborgenheit in ihrem Leid,
behutsam streicheln wir müde Hände,
wünschen ihnen eine baldige, gute Wende.

Irgendwann am Morgen, wenn unser Nachtwerk
vollbracht,
wir über gemeinsames Tun reichlich nachgedacht,
dann, Bruder Schlaf, wirst auch du es wissen,
die Hilfe der Schwester möchtest du nicht mehr
missen.

Nachklang

Dr. med. Bernd Langer
Innere Kraft, die berührt

Die vorliegenden Texte der Anthologie aus der Selbsthilfegruppe Schreibgruppe REGENBOGEN Halle (Saale) haben mich angerührt, und sie haben die Kraft, jeden von uns anzurühren. Das ist es, was von guter Literatur erwartet werden darf. Aber woher kommt diese Kraft?

Es ist die emotionale Beteiligung, mit der jeder einzelne der Texte abgefasst ist, die anzurühren vermag. Sei es die sorgsam beobachtete Stimmung der Naturlyrik, sei es die Mitteilung aus der Innenwelt eines manischen Menschen.

Das Besondere daran ist aber, dass alle Autorinnen das Schicksal einer psychischen Erkrankung teilen. Psychische Erkrankungen isolieren die Betroffenen, sie machen einsam, und oftmals gehört es zum Wesen der Erkrankung, dass aus der Innenwelt nichts nach außen dringt, dringen kann, dringen darf.

Die Autorinnen der vorliegenden Anthologie haben etwas Unschätzbares geleistet: Sie haben, jede und in jedem Text, die Isolation durchbrochen. Dabei wird nicht irgendetwas geschrieben, sondern die Texte vermitteln Gefühle, Stimmungen, die ganze Welt der Emotionen. Sie sind vielfältig in Form und Inhalt. Und wir Leser ahnen, welche Höhen und Tiefen durchlebt wurden, bevor die Texte entstanden.

Welcher Reichtum wird sichtbar, wenn die Einsamkeit überwunden werden kann!

Diese Textsammlung ist in einer Selbsthilfegruppe entstanden, der seit Februar 2004 bestehenden Schreibgruppe REGENBOGEN. Sie entwickelte sich allmählich, aus Versuchen zunächst, mehr und mehr Mut gewinnend und machend. Es ist wohl die Kraft der Gemeinsamkeit, die in den Texten lebt. Hemmungen waren zu überwinden, manchmal auch eine ehrliche Kritik zuzulassen. Damit ist die Isolation nicht nur im Text überwunden, durch den der ferne Leser oder die ferne Leserin angesprochen wird, sondern sie wird auch im realen Leben überwunden.

Ich wünsche den Texten eine weite Verbreitung. Wir brauchen sie. Ich wünsche der Schreibgruppe REGENBOGEN die Kraft und den Mut zum Weitermachen. Mit diesem Band machen die Autorinnen nicht nur sich selbst und allen anderen Betroffenen ein Geschenk, sondern uns allen: Angehörigen, Professionellen und der Öffentlichkeit.

Dr. med. Bernd Langer ist als Chefarzt im AWO Psychiatriezentrum Halle (Saale) tätig.

Abbildungsverzeichnis:

Seite

Renate Bastian	„Am Morgen"	Umschlag
Valborg Ritter	„Eule"	28
Martina Müller	„Unserem Enkelkind"	50
Renate Bastian	„Meine Insel"	54
Renate Bastian	„Am Meer"	59
Renate Bastian	„Träumerei" (Aquarell)	61
Sigrid Lindenblatt	„Tor zur Hoffnung"	83
Petra Taubert	„Verdunkelt"	101
Edeltraud Stache	„Paar" (Scherenschnitt)	105
Annette Pichler	„Gruß"	118
Uschi Kuhfuß	„Weite"	137
Renate Bastian	„Behütet"	143
Evelyne Rostalski	„Sternenspiegel"	156